最新文例ですぐわかる

改訂版

はじめての
英文契約書

The Beginner's Guide to Drafting Contracts in English

弁護士 **山田 勝重**

Katsushige Yamada

KADOKAWA

はじめに

　本書の元となった『はじめての英文契約書』が刊行されてから 10 年の歳月が経ちました。その間経済界では 2008 年秋に起きたリーマン・ショックによる世界規模の金融危機、不況が続いたものの、日本を取り巻く国際取引社会のグローバル化は進み、国際取引の内容はますます多様化してきています。

　国際取引社会においては、企業の海外での事業展開、海外進出、あるいはその反対に海外での事業の縮小、撤退などに伴って種々の合意文書ないしは契約文書を外国企業との間で取り交わししながら対応することが必要となります。

　日本に進出してこようとする外国企業、あるいは既に日本で事業を展開している外資系企業、外国人などが日本企業と交渉し、その合意を締結すべく契約文書に用いている共通の言語は、やはり圧倒的に英語が多く、内容や分量、書式を問わず、多かれ少なかれ英文の契約文書を読んだり、作ったりする機会がますます多くなってきているのが実態です。

　本書は主として日本企業の法務部、海外事業部、貿易部など外国企業との取引あるいはそこから生ずる法的問題に携わる担当者や、外資系企業などで日本企業との取引あるいはそこから生ずる法的問題に携わる法務部、審査部などの担当者を対象としています。取引の相手方との折衝や交渉での過程で英文の契約文書を読んだり、作ったりする日常の業務の場面で英文契約書の基本的な事項を理解し、さらに契約文書作成にあたっての基礎的な知識を習得し、取引の変化に応じた国内外の企業との交渉、そして的確な文書を作成することに役立つような実務書の内容となっています。

　また本書は、日本の企業が海外との取引を始めるにあたり初期の段階で必要な合意文書から、その後正式な契約を締結して取引や事業活動が継続し、従来の契約内容を変更する必要あるいは契約関係を解消するような時

3

間軸を見据えながら適宜作成していく文書など、その都度直面する事態に柔軟に対応できるよう企業実務の実態に即した構成になっております。

　本書が外国企業ないし外国人との接点において活躍する読者の皆様の業務における一助となることを望んでやみません。

　最後に本書の刊行にあたり、原稿の入力に尽力してくださった Mami に心より感謝申し上げます。

Dedicated this book to our great Father/Founder.

2020 年 1 月

山田　勝重

CONTENTS

最新文例ですぐわかる

改訂版 はじめての英文契約書

PART I 入門編
英文契約書の「構成」に関する基礎知識

PART II 基礎編 英文契約書の「内容」に関する基礎知識

PART

V

実践編

英文契約書文例

本文デザイン／ISSHIKI
編集協力／西山久美子
校正／鷗来堂
DTP／ニッタプリントサービス

英文契約書文例の
ダウンロード方法

ダウンロード

本書をご購入いただいた方への特典として、Part V で紹介している英文契約書文例のテキストデータを無料でダウンロードいただけます。記載されている注意事項をよくお読みのうえでご利用ください。

ダウンロード方法

❶ パソコンから下記の URL にアクセスし、「書籍に付属するテキストデータのダウンロードはこちらから」という一文をクリックしてください。

https://www.kadokawa.co.jp/product/321907000393/

❷ ユーザー名とパスワードを入力するポップアップ画面が出ます（画面が出ない場合は、ポップアップがブロックされている可能性があります。ブロックを解除してご利用ください）。

❸ 以下のユーザー名とパスワードを入力してください。

ユーザー名：keiyakusho
パスワード：604554

❹ zip ファイルがダウンロードされます。解凍したうえでご利用ください。

【注意事項】
- ダウンロードはパソコンからのみとなります。携帯電話・スマートフォンからはダウンロードできません。
- テキストデータは Word 形式で保存されています。ご利用いただくには Word ファイルを開くことができる環境が必要です。
- テキストデータはパソコンでの利用を推奨します。
- ダウンロードページへのアクセスがうまくいかない場合は、お使いのブラウザが最新であるかどうかご確認ください。
- 本サービスは予告なく終了する場合がございます。予めご了承ください。

PART

I

英文契約書の
「構成」に関する
基礎知識

英文の契約文書が一般的にどのように構成されているのか、基本的な事項について解説します。

1 英文契約書の特徴

1 取引文書と契約文書

　英語で、あるいは他の国の言語で送られてくる取引文書の中で表題（タイトル）にAgreementとかContractとあったら、間違いなく、取引当事者間で条件や内容を取り決めるための契約文書と考えていいでしょう。

　通常はその中身や内容を表す表現、例えば売買契約であればSales Agreement、Purchase Contract、Contract of Saleのように売買を意味するSaleとかPurchaseなどのタイトルが付いています。

2 英文契約書のタイトルのもつ意味

　契約文書のタイトルが必ずしも、その本文の中身や内容を表すとは限りません。 契約書において当事者間で合意した取引条件をまとめるときに、その取引条件が多種多様なものに及ぶと、一体この契約で取り決める主な内容は何なのかを絞り込むことが難しい場合があるからです。

　商品の売買が中心ならば先に述べたSales Agreement、Purchase Contractなど「売買契約」というタイトルでいいでしょう。

　しかし、「原材料を調達して、半製品を加工し、完成品として仕上げたうえで、これを商品として販売する。しかもその原材料の調達、製造、加工が外国との間で行われる」となると、単なる完成品たる商品の売買に加え、原材料の調達、輸出入、保管、製造、加工、輸送、配送という請負的な要素も含まれ、複合的で複雑な取引内容を契約文書に盛り込む必要が出てきます。

　このような場合は、「契約書」すなわちContractとかAgreementなどというタイトルで十分で、あとはその中身や内容は契約書の本文で確認する、ということになります。

> ### 英文契約書のタイトル
>
> 取り決める内容が絞り込める → 内容を表す表現を入れる
>
> 例　Sales Agreement ／ Purchase Contract（売買契約）
>
> 取り決める内容が多岐にわたる → 単に「契約書」とする
>
> 例　Contract ／ Agreement（契約書）

3　英文契約書のサイン

　契約文書の末尾には**当事者がサインするスペース（署名欄）**があるのが一般的です。あるいは冒頭（ないしは最初のページに近い部分）に署名欄がある契約書も見かけます。

　韓国、中国その他一部アジアの国が印鑑を契約文書に押捺するのを除けば、ほとんどの場合当事者の署名権限をもつ者による署名（サイン）がここになされます。

　この契約書末尾のサインとは別に、国内契約においてはページが複数にまたがる場合に割印がなされるように、英文契約でもこのようなページの意図的な差し替えを防ぐ措置をとるべきかどうかが問題とされます。

　通常は各当事者がそれぞれ署名した文書を保持するので各ページにサインをすることは実務上極めて稀ですが、各ページに両当事者がイニシャルを付する契約文書も見うけられます。

　契約書によっては witness（証人）という空欄があって、各当事者の署名が正しくなされたことに立ち会い、ないしはこれを証明する者に署名を求める様式の契約文書も見うけられます。

　このような契約文書は**通常、ドラフト（草案）として作られます**。なか

には、いきなり最初から相手方当事者の署名がなされた文書が送られてき
て、契約条件の交渉をする意図は一切なく、この内容で同意することを見
越し、署名して返送するようにと言わんばかりの態度が明らかに見られる
契約書もあります。このような場合、そのまま署名して返送してよいかど
うかは契約内容いかんにより慎重を期するべきところです。

4　英文契約書における当事者および住所の表記

　契約文書の場合、表題（タイトル）に続き、当事者の表示として**当事者
の正式な商号、会社名、その他法人の名称**、法人格のない場合は**団体の名
称**が記載されます。

　次にこれら当事者が法人の場合は、どこの国（あるいは州）の法律によっ
て設立されているのか、設立準拠法（P.112参照）を記載、さらに当事者
の正式な登録された住所（法人の場合は設立の際に登録され、法人の所在
を証明できる本店住所。個人の場合は自宅あるいは事業行為・活動を行っ
ている事務所の住所）が記載されます。

　これに次いで法人あるいは個人が事業行為を行っている実務上の本拠地
ないし事務所の所在地が住所として併記されます。
　むしろ、上に述べた正式な登録上の住所よりも、この実務上の住所のみ
が記載される契約文書のほうが例としては多いかもしれません。これは実
際に契約文書が送付され、**実務上の対応が的確になされる場所の住所**を相
手方の取引場所、活動の拠点ととらえておくほうが、実効性があるとの理
由によるものです。
　したがって紛争が生じたときの裁判管轄も、この実務上の本店を管轄す
る裁判所にある、と主張して訴訟を提起したり、あるいは提起されたりす
るのが一般的です。日本の契約文書において当事者の住所が末尾の当事者
の署名もしくは記名捺印欄に表示されるのと大きな違いがあります。

5 英文契約書の前文

　表題（タイトル）、当事者の表示に続き、**"WITNESSETH"** という古めかしい英語の表記とともに第 1 条に至る前文（通常 Whereas という語で始まる）が書かれているのが契約文書の典型的な例（P.47 参照）といえます。

　この "WITNESSETH" は、正式な英文文書にだけ現代においても使用されており、三人称単数現在形の語尾が Witness についた**「〜を証する。」という意味の契約英語です。**

　これは、契約書全体がタイトルに次いで始まる "This Agreement"（P.47 参照）を主語とし、前文および第 1 条から末尾へと続く契約文書の内容全部を目的語として、"証する"、"証明する" という長い一文として構成されていた頃の名残として伝統的に使用されてきているものです。

　前文は、いわば第 1 条以下の契約書本文への導入部分で、契約関係に至る経緯、背景などが記載され、通常はこの前文の内容に法的拘束力はないものと解されています。

　ただ、前文において、契約書本文で使用される用語を定義したり、契約条件に関わる期間や金額などに関する表記もなされたりすることがありますので、契約書の本文の内容を検討するとき、併せてその内容を確認しておくことが必要な場合があると思われます。

6 英文契約書と印紙

　英文契約書といえども日本国内で作成される限りは一般の国内の契約書と同様に課税文書となり印紙税法に基づき収入印紙を貼る必要があります。

　例えば業務委託契約書であれば 4000 円、売買契約書であれば契約金額により算定される印紙となります。

　貼付した印紙は押印に代わりサインで割っておかないと再使用が可能と見なされ、印紙税を納めたことにはならないと判断される場合があることに留意する必要があります。

2 英文契約書はここに注意しよう

1 打ち合わせ議事録が効力をもつこともある

　当事者間で協議した内容、あるいは打ち合わせの過程で合意した条件が議事録（minutes）として記録され、後日電子メールや郵便で送られ、あるいはその場でプリントアウトされることがあります。

　こうした議事録には通常、打ち合わせの日時、場所、出席者、発言、討議内容等が記載され、「まとめ」の部分で合意事項が記載されます。

　この議事録に出席当事者の担当として署名を求められたらどうしたらいいのでしょうか。

　その形式が契約文書の一般的な様式となっていない場合は注意が必要です。例えば当事者の住所がない、あるいはあとで詳しく解説しますが、契約書に特有な約因（consideration）の記載がない、もしくは契約に普通規定される一般条項（general provisions）がないなど、**そのままでは契約文書とは見えない文書であっても、一度これに署名すれば議事録の内容たる取引条件に合意したと考えられ、後日紛争となったときに文書による証拠として提出される**ことも大いにありえます。

　この打ち合わせに出席した担当者の会社における権限、協議ないし合意された取引条件等の内容いかんにより、その法的効力の範囲がある程度限定されるにしても、立派な契約文書のひとつとなりえます。

2 交渉段階で作成される契約文書

　上記の議事録（minutes）の他にも契約交渉過程でさまざまなタイトルの文書が作成されることがあります。以下がその例です。

> **契約の交渉段階で作成される文書の例**
>
> ◦ Memorandum、Memorandum of Agreement（"MOA"：覚書）
>
> ◦ Letter of Understanding（"LOU"：了解書）
>
> ◦ Memorandum of Understanding（"MOU"：覚書）
>
> ◦ Heads of Agreement（"HOA"：合意摘要書）
>
> ◦ Letter of Intent（"LOI"：趣意書）

　これら交渉段階で作成される契約文書に法的拘束力（binding effect）が認められるかどうかは、単なるタイトルからではなく、その合意内容いかんによることになります。

　このような契約文書では、契約交渉の過程で後日締結される予定の本契約（definitive agreement、formal agreement）に向けての基本的なスケジュール、各当事者の作業内容、了解事項、協議事項、あるいは主要取引条件の一部が記載され、確認されるのが一般的です。

　ただ、このような予備的段階で作成される契約文書といっても、例えば株式譲渡を伴う企業買収（Merger and Acquisition：M&A）に向けての主要な取引条件を詳細に記載した趣意書（LOI）を締結する場合もあり、タイトルだけでその法的意味ないし効力を判断するのはリスクがあり、あくまでも内容をよく分析、検討して締結することが必要です。

3　契約に対する解釈の違い

　契約が対立する両当事者間のある一定の取引内容、条件に関する意思ないし約束の合致であるという本質について、英米法のもとではそれは単なる合意（agreement）にとどまらず、これに「約因」（consideration）という裏付けをもって法的拘束力を与えることにより契約（contract）になると考えます。

英米法のもとでは契約のもつ法的拘束力は、契約当事者が何らかの対価関係に立ち、その対価ないし等価物を交換する取引関係、すなわち交換的取引（bargain）から生まれてくるという理解を前提としていることから、この「約因」が契約といえるための重要な構成要素と考えるのです。

　したがって、consideration は「対価」と訳すこともでき、契約の双務性、すなわち対立する契約当事者が相互に債権債務を有していることをわざわざ契約文書に明記するのが一般的です。

　これに対して、日本法を含む大陸法のもとでは、約因などは不要であり、申込みと承諾という意思表示の合致により契約は成立する、と説明されるように、当事者の意思を中心に契約の内容を契約文書に規定していきます。

　このことから、おのずから大陸法のもとでの契約文書の体裁、構成と英米法のもとでの契約文書の体裁と構成が違う場面がありますが、契約文書におけるグローバル化の進展とともに今日ではこのような区別が必ずしも厳密ではなくなってきています。その結果、冒頭で説明した"agreement"と"contract"はいずれも「契約」を意味する語として区別なく使われていることも多いようです。

　とはいえ読者の皆さんが、われわれは大陸法系なのだから、こちらのスタイルで簡潔な内容の契約文書とし、何かあれば話し合いで解決しようという意図のもとに別途協議条項を設けて済ませようとしても、**もともと英米法をベースとした契約観のもとに契約文書のあり方を理解している相手方当事者が数多くいる以上、英文契約書に関する具体的な知識とこれを読解する能力が必要となるのです。**

3 契約文書の読み方のポイント

1　英文の契約文書はなぜ長文となるのか

　日本、フランス、イタリア、ドイツなど大陸法系の諸国では歴史的に民法典、商法典など基本法典が成文化されています。これらの法律が契約当事者の権利義務を律する拠りどころとなっているのが基本です。

　したがって、契約文書にすべての合意事項を何もかも記載しなくとも、あるいは規定するのを忘れても、あるときは特別法、そうでなくても商法や民法などの成文化された法規によってその解釈を補うことが可能です。

　これに対して、英米法系の諸国では、判例法、慣習法の体系をベースに**慣習や不文律を成文化、条文化していくのが契約である**という基本的な考え方が根底にあります。

　したがって契約文書に、先に述べた「約因」（consideration）の裏付けをもって、契約締結に至る経緯から始まって契約の本質たる内容は勿論のこと、契約解消に至ったときの清算の仕方、紛争解決方法、適用すべき解釈法規……等々、何でもかんでも記載しておこうと考えます。そこで、いきおい英文の契約文書は長文化することになります。

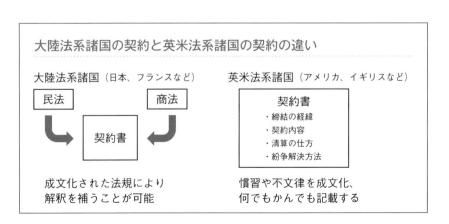

大陸法系諸国の契約と英米法系諸国の契約の違い

大陸法系諸国（日本、フランスなど）

民法　　商法

契約書

成文化された法規により
解釈を補うことが可能

英米法系諸国（アメリカ、イギリスなど）

契約書
・締結の経緯
・契約内容
・清算の仕方
・紛争解決方法

慣習や不文律を成文化、
何でもかんでも記載する

2 注意して読むべき条項はどれかをつかむ

　やたら長い英文の契約書の条項でも、サッと読み流していく部分と、細心の注意をもって読み込み、理解し、確認する部分とがあることが次第にわかってきます。

　契約の企図する取引条件、内容の重要部分、例えば売買契約であれば、商品の種類、仕様、単価、代金総額、購入数量、引渡条件、支払条件などは、当事者が最も関心のある部分であり、個別契約に特有な条項で、海外営業部あるいは貿易部などでは、この部分の条件に合意できれば取引条件の大半は合意できたものと考えるのが普通だと思います。

　このような契約内容、条件において必須な部分を**注意深く読み、疑問の点があれば問い合わせをし、次いで周辺部分の付帯条件を確認しながらつめていく**というのが契約文書作成の作業となります。

　特有な条項と一般条項（P.31 参照）を区別して契約文書を読み解いていくことが、英文契約をより速やかに、より的確に理解するためのひとつのコツです。

PART

II

基礎編

英文契約書の「内容」に関する基礎知識

契約文書の内容がどのような特徴をもち、契約条件を確定するにはどのような点に留意すべきか、基本的なポイントを解説します。

1 英文契約書に特有な英語を知っておく

1 契約文書に使われた場合の特別な意味

　英文の契約文書には一般のビジネス文書などに用いられない特殊な意味、解釈をもつ語があります。契約文書中に使われた場合の意味と、一般的な用語として使われた場合の意味とを比較すると、以下のような違いがあります。

	契約文書中で使用される場合	一般的な用語の意味
action	裁判、訴訟 [Common Law（普通法）上の]	行動
consideration	約因、対価	考慮
equity	資本（勘定）	公平
execute	署名（サイン）する 執行する（強制執行などの場合）	実行する
govern	規定する	支配する 統治する
hand	署名	手
instrument	証券、証書	道具
interest	持分、利息、利害関係	利益、興味
member	株主	会員、構成員
party	当事者	団体
personal property	動産	個人の資産
question	疑義	質問
service	送達	役務
title	権原	表題

2　単数と複数とで意味が異なる用語

　単数形で用いられる用語が複数形で用いられると、契約文書において別の意味を持つ例があります。

単　　数		複　　数	
condition	状況	conditions	条件
minute	時間、分	minutes	議事録
present	贈り物	presents	証書、書類
security	担保	securities	証券（有価証券）
term	期間	terms	条件、条項
warrant	保証	warrants	新株予約権

3　英文契約書で用いられる外国語

　契約文書に用いられる用語の中には、ローマ法の影響をうけ、ラテン語やフランス語が用いられてきた歴史的な背景のもとに、現在でも慣用的に用いられる用語があります。

　force majeure（不可抗力）はフランス語の代表的な用語として有名ですが、契約文書にはラテン語のほうが多く登場するようで、代表的な用語として以下の例があります。

用　　語	意　　味
ab initio	当初から
bona fide	善意の、真実の
et al.	その他
ex parte	一方的な
in camera	秘密で
in lieu of	～の代わりに
in re	～に関して
inter alia	とりわけ、なかんずく（就中）
lex fori	法廷地法

mutatis mutandis	準用して、必要な修正を加えて
pari passu	同等の、同順位で
per annum	1年あたりの
prima facie	一応の
pro rata	比例して、割合に応じて
proviso	但書

4 同じ意味の用語を重複して使う例

　契約文書にはアングロサクソン系の用語の一部にラテン系の用語が混入したという歴史的背景から、**同じような意味の用語を連結した重複的な表現が慣用的に用いられる**ことがあります。

　現在では、裁判官の判断が、ひとつの用語に与える意味に解釈上、二義を許さないとなった場合のリスクを避けるため、あるいは、与えようとする意味ないし解釈をより明確にするため、また強調する目的のためにも以下の例にあるような表現が用いられています。

　英語圏における Plain English Movement という平易で簡潔な表現を用いる動きもありますが、これらの表現は、それぞれの用語の意味を単独で理解するよりも、むしろひとつのまとまった表現として覚えてしまい、そのような重複された使い方に慣れてしまうことです。

表　現	意　味
acknowledge and confess	認める
act and deed	行う、～する
alter and change	変更する
any and all	すべての
approval and consent	承認
authorize and empower	授権する
convey, transfer and assign	譲渡する
costs and expenses	費用

covenant and agree	合意する
due and payable	支払期限が到来している、支払義務を負う
each and every	すべての
effective and valid	有効な
established and organized	設立された
final and conclusive	最終の
fit and proper	適切な
for and during the period of	～の間
for and in consideration of	～の対価として
from and after	～以降
goods and chattels	動産
have and hold	保有する
in full force and effect	効力を有する
in truth and in fact	実際は
keep and maintain	維持する
made and entered into	締結された
new and novel	新しい
null and void	無効な
right, title and interest	権利
save and except	～を除いた
terms and conditions	条件

5　特殊な取引あるいは契約で使用される用語

escrow

　「条件付捺印証書」とも訳されていますが、英米における不動産取引において売主が署名済みの譲渡証書（deed）、権原保険証券（title insurance）等をある第三者（escrow agent：例えば信託会社、弁護士など）に預託し、買主がこの第三者の口座（escrow account）に現金を払い込み、あるいは小切手を預託しておき、一定の決済日（closing date）に不動産取引を完了させる仕組みで、それが「条件」に付された捺印証書のことをいいます。

recourse

「償還請求」と訳され、手形など有価証券の裏書人が手形の所持人から二次的支払義務者として請求される場合に用いられます。

不動産の証券化、流動化に伴い、不動産プロジェクトの運営主体が借り入れた資金につき親会社が求償金を負担しないプロジェクトファイナンスとして non-recourse loan が利用されています。これとは逆に、融資に対する求償権の範囲が担保資産のみならず、借主の資産全体に及ぶローンは recourse loan といわれています。

6 英文契約書に独特な用語の使い方

契約文書には先に述べた、歴史的にラテン語あるいはフランス語など外国語から発した法律用語、あるいは伝統的に裁判官によって法的解釈が与えられ、確立してきた判例に用いられてきた用語などが現在においても使われています。

同じ意味をもつ別の現代用語に置き替えてわかりやすい契約文書を作成すべきなのでしょうが、良い悪いは別として現実の契約文書に登場する以上、これが使われている意味を理解しておく必要はあるでしょう。

契約書特有の用語の使い方を、契約文書内での登場順に見ていきましょう。

here-

"here" + "前置詞" = "前置詞" + "本契約"

（例）"the conditions hereof" = "the conditions of this Agreement"
　　（本契約の条件）

"hereinafter referred to as X"

（以下本契約中、X という）

"herein" = "in this Agreement（Article）"

（本契約（条項）で）

"the parties hereto" = "the parties to this Agreement"

（本契約の当事者）

"the provisions hereunder" =

"the provisions under this Agreement"

（本契約書の規定）

"heretofore" = "before this Agreement"

"hereunto" = "to this Agreement"

there-

"there" + "前置詞" = "前置詞" + "その前の単語"

（例）"the term of this Agreement or any extension thereof"

（本契約の期間中もしくはその延長期間中）

witnesseth

"witness"（〜を証する）という動詞に三人称単数現在形の語尾 -eth を付けたもので、主語となるべき頭書の "This Agreement" をうけています。

この "witnesseth" の伝統的な契約文書での使用については既に述べましたが、大陸法系のフランス、ドイツ、日本などにおける契約文書にはこの "witnesseth" がなく、当事者の表記のあとから、当事者間の合意内容である契約書本文第１条以下がいきなり始まるのが一般的かもしれません。

whereas

契約文書の表題（title）に続く契約書の日付や当事者の表示をする頭書（premises）に続き、先に述べた "witnesseth" のあと、本文（operative part）に入る前の導入部分にあたり、前文（whereas clause）と呼ばれていますが、preamble、recital などということもあります。ここには契約に至る目的、動機、経緯などが記載されるのが一般的で、かつては

27

先に述べた約因（consideration）の内容もここに記載されていました。現在では、この前文は本来当事者間の権利義務を直接的に規定する部分ではないので、あっさりと書かれているのが一般的です。

　但し、いくつかの過去に締結された契約文書をここで列挙し、これと一体の内容をもつものとして締結される修正契約（Amendment）や追加合意書（Addendum, Supplement）（P.106参照）の場合は、以下に続く合意事項である契約書の内容がどの範囲まで適用されるか、間接的に契約の解釈の指針となるなどの影響を及ぼす場合もあるので注意が必要です。

consideration

　上に述べた前文（whereas clause）の締め括りとして第1条以下の契約書本文（operative part）に至る、いわば「よって書き」（therefore）の中に記載されます。

　一般的には"in consideration of the mutual covenants and agreements herein contained"（本契約に含まれた相互の契約および合意を<u>約因</u>として）などと規定されます。

　先に説明したように契約の「対価（法的価値をもったもの）の交換」としての約因を記載し、これを裏付けとして契約に法的拘束力（binding effect）を与えています。

　ただ先に述べたように大陸法系の国における契約文書においては約因を記載することなく、頭書に次いで、例えば、"It is mutually agreed upon between the parties hereto as follows:"（本契約の当事者間で以下のとおり相互に合意する）というような簡単な書き出しで、以下第1条の本文が始まる例も多くみられます。

witness

　契約文書の本文（operative part）では、その前半部分に契約特有の権利義務を直接的に発生させる事項が規定されます。

　これに続き、後半部分には契約文書一般に共通して適用される一般条

項（general provisions, miscellaneous）が規定され、本文は終わります
が、その契約書の末尾に後文として、"In witness whereof, ～"（上記
の証として～）という当事者の署名欄に至る前の締め括りの部分が記載
されます。

7　英文契約書に特有な語句、便利な言い回し

　　前項で述べた独特な用語に加えて、英文契約書に用いられる、一般的
な語句の特有な使い方、便利な言い回しについて見ていきましょう。

語句	意味	補足
shall	～しなければならない	契約文書で用いられる場合、must と同様に契約上の義務を表す
shall not	許可されない、禁止される	shall の否定として用いる
may	～できる	shall に対応して、契約上の権利を表す
may not	許可されない、権利がない	may の否定の意味であるが、不作為の義務であるときに明確に「禁止する」という意味となる。意図を表すには、shall not が正しい使い方となる
will	～しなければならない	契約文書上、shall に代わって用いられる場合、shall と同様に契約上の義務を表す。契約文書で shall と will が混在している場合は、その意図するところを確認し、統一すべきである
and/or	（A and/or B で）A および B、A または B	
absent/ in the absence of ～	～がなければ	
among other things/ among others/ inter alia	例えば、なかんずく、とりわけ	
in good faith/ bona fide	善意で	
if any	（あるかないか予想がつかないが）もしあるとすれば	
if necessary	もし必要であれば	

if required	もし要求されれば	
if appropriate	もし適切と思われるならば	
at arm's length	対等に	
as the case may be	場合によって	
at one's discretion	～の裁量で、任意に	at its sole（＝ absolute）discretion と表して強調する場合もある
to the extent that/ insofar as	～の範囲において、～の限りにおいて	
including but not limited to/ including without limitation	～を含むがそれには限定されない	「～など」と例示的に表すときに用いる
from time to time	適宜	
jointly or severally	連帯し、もしくは単独で	複数の当事者が義務を負うような場合に連帯して、もしくは単独で義務を負い、権利者からみれば、いずれの当事者にも請求できる場合を表す
provided/ provided, however	但し	例外や条件を定める場合を表す
without prejudice to/ reserve the right to	～する権利を放棄するものではなく、～する権利を損なうことなく	ある行為を行うことによって他の行為ないし権利の行使を放棄したものとみなされることはないことを表す
subject to	～に従って、～に服する、～を条件として	停止条件、解除条件など、契約の効力発生や効力消滅にかかる前提条件として強い意味をもった使い方をする
unless otherwise provided	別に規定されていない限り	
whatsoever/ in any manner whatsoever	（強調）	いずれも古い言い回しで、名詞のあとに意味を強調する場合に用いる

契約条件と合意項目を整理する

1　冒頭で定義を規定する

　契約文書の構成の中で表題（title）、頭書（premises）に続く部分に、前文（whereas）、そして本文（operative part）が位置づけられます。

　この部分で、契約当事者間の実質的な条件、権利義務の内容が規定されることになります。

　契約本文で繰り返し使用される語は、冒頭の条文で定義（definition）を定め、以後登場した場面においてその意味について繰り返さないという契約書のスタイルがあります。

　例えば、契約の当事者（party）、対象商品（products）、ライセンス（license）、対象地域（territory）などは、最初に定義しておくと便利なので、通常それぞれ頭文字を大文字にして定義されます。

用語の定義の例

"Products" means certain computer hardware products to be produced and supplied by the Company.
「『商品』とは会社が製造し、供給する一定のコンピュータハードウェア商品を意味する。」

　ただ比較的簡易な契約内容であえて定義規定を設けるまでもないような場合は、契約条項中で、最初に登場したときに定義されているのが一般的です。

2　契約文書の内容を整理する

　契約文書に規定すべき条項、言い換えれば当事者間で取り決める事項として契約文書に記載すべき条項としては、当該契約に**特有な条項**と**一般条**

項の2つに大別することができます。

　前者の「特有な条項」は当該当事者間で目的とすべき**取引に特有な条件、内容を合意事項として取り決めるべき規定**であるのに対し、後者の「一般条項」は当該当事者間の個性に着目することなく、また当該取引に特有な内容、特質いかんにかかわらず一般的に共通な事項として取り決めるべき規定を意味します。

　これらの区別を前提として契約文書の内容を整理することから始めましょう。

3　特有な条項は契約書の前半におく

　それでは Part V の **[文例8]** の「独占販売店契約書」（Exclusive Distributorship Agreement）を例にとって契約条項全体を概観してみましょう。

---

1. Products（製品）[リサイタルA（別紙A）]
   ―製品の内容の特定
2. Territory（販売地域）[リサイタルC（別紙B）、第3条]
   ―販売店による製品の販売地域（テリトリー）の指定
3. Appointment（指名）[第1条]
   ―販売店としての指定、権利付与に関する規定
4. Relationship（両当事者の関係）[第2条]
   ―あなたの会社と相手方との法律関係
5. Restraint of Competition（競争の制限）[第4条]
   ―他社製品の取扱禁止
6. Individual Contract（個別契約）[第5条]
   ―個々の取引に関する取扱い
   ―売約証（別紙C）による取引の確定
7. Purchase Efforts（購入努力）[第6条]
   ―販売店による製品の販売努力

---

8. Delivery（引渡）［第7条］
　―製品の引渡条件
　―運送手配と運送関連費用の負担

9. Price（価格）［第8条］
　―製品の販売価格の決定

10. Terms of Payment（支払条件）［第9条］
　―支払条件の特定

11. Sales Promotion（販売促進）［第10条］
　―製品の販売促進

12. Inspection（検査）［第11条］
　―受領した製品の瑕疵の有無の検査

13. Stocks（在庫）［第12条］
　―販売店による製品の在庫維持

14. Warranty and Claim（保証およびクレーム）［第13条］
　―製品に関するクレームおよびその対応

15. Trademark, Patent, Etc.（商標、特許等）［第14条］
　―商標、特許等知的財産の使用、特定

16. Confidentiality（秘密保持）［第15条］
　―契約内容の秘密保持

17. Technical Advice and Training
（技術的助言および訓練）［第16条］
　―製品販売上の技術的助言等

18. Term（期間）［第17条］
　―契約期間の特定

19. Termination（解除）［第18条］および
Effect of Termination（契約終了の効果）［第19条］
　―契約解除および契約終了の効果に関する規定

20. Waiver（権利放棄）［第20条］
　―契約上の権利不行使の効果

21. Notice（通知）［第 21 条］
　　―当事者に対する通知先の規定
22. Force Majeure（不可抗力）［第 22 条］
　　―不可抗力の場合の取扱い
23. Assignability（譲渡可能性）［第 23 条］
　　―契約の地位、または権利・義務の譲渡
24. Trade Terms and Governing Law
　　（貿易条件および準拠法）［第 24 条］
　　―契約に関する適用準拠法の決定
25. Arbitration（仲裁）［第 25 条］
　　―紛争発生時の仲裁条項
26. Severability（分離独立性）［第 26 条］
　　― 契約条項がそれぞれ分離独立し有効性をもつことを規定
27. Entire Agreement（完全合意）［第 27 条］
　　―契約の完全合意条項
28. Headings（見出し）［第 28 条］
　　―見出しは契約本文の参照にすぎないことを規定

　以上の契約条項のうち、1 から 15 までおよび 17 は独占販売店契約に特有、あるいは特徴的な条項であるのに対して、16 から 28（17 を除く）までは一般条項として他の契約にも共通して規定されることの多い条項です。この後者の一般条項は、その全部あるいは一部をまとめて「雑条項」あるいは「その他条項」として"Miscellaneous"というタイトルでその全部の条項を最後に規定することもあります。

3

契約条件の確定のポイント

1　交渉相手を知る

　ある海外の会社から、その国での販売を一手に行いたいという申入れが、製品のメーカーであるあなたの会社になされたとして、Part Ⅱ. 2. 3（P.32）で紹介した［文例8］「独占販売店契約書」の内容である本文の条項を参考にポイントとなる点を考えてみましょう。

　販売店契約の条件を検討するときに、その製品および販売地域における顧客動向、市場可能性などの特有な条件から固めていこうと考えるのが普通でしょう。

　相手会社が自国あるいはその周辺諸国であなたの会社の製品を販売したいという場合、先方の会社にどれだけの力量があるのか、信用力はあるのか、さらに製品を継続的に販売するとして支払能力があるのかなど、調べなければならないことが山積みです。

　先方の企業を知るには、まずホームページから検索していく、業界誌やビジネスリポートなどの媒体から探っていくという方法があります。

　先方の企業の信用力などを調査するには、世界各国の企業が公開している情報を集約している信用調査機関（credit agency）から信用調査機関情報を入手するのもひとつの方法で、Dun & Bradstreet（いわゆる「ダン・レポート」）が有名です。

　あるいはあなたの会社の取引銀行や取引のある商社を通じて先方の現地における評判、信用を調査し、あるいはこれら銀行や商社を通じて現地で定評のある信用調査機関を利用して調査するというのも有効といえます。

2　条件をつめていく

　販売店契約を例にとると、**優先的に協議すべき特有な条件のポイント**は

次のようなものです。

①製品の特定

　製品の種類、規格、仕様など、先方の国あるいは地域に適合するか。また先方の国への輸出、販売にあたっての許認可は必要か。

②販売地域

　国あるいは地域はどの範囲か。これらの販売地域（テリトリー）内での販売に独占権を与えるかどうか。

③競合品の取扱い

　販売店が他社の製品を取り扱うのを認めるか。

④他社への委託

　販売店が製品をさらに別の会社に販売委託したり、副販売店（sub-distributor）を指定して販売するのを認めるか。

⑤販売条件の確定

　発注、受注の方法、製品の価格、引渡条件、検査、危険負担、販売にあたり商標（ブランド）の使用を認めるか。最低購入数量を義務づけるか。

⑥支払条件の確定

　販売（輸出）代金の支払方法、輸送費や保険料その他諸費用の負担および支払方法ならびに通貨はどう決めるか。

⑦販売促進

　販売地域での製品の宣伝、広告、販売促進をどのように進めるか。

⑧在庫維持

　製品の在庫として完成品および部品等をどのくらいの量、販売店に保管してもらうか。

⑨製品の保証とクレームが生じたときの処理

　製品の保証はどのくらいの期間でどの範囲まで及ぶか。また製品にクレームや損害が発生した場合、返品、損害賠償などに誰がどのように対応するか。

　これらの条件を交渉により積み上げていくのと並行して、あるいはその

あとに次にあげるような**一般的事項**について条件をさらにつめていくことになります。

⑩契約期間の確定

販売権をどれくらいの期間認めるか。更新するとした場合の条件はどうするか。

⑪解除条件およびその効果の確定

契約途中でどのような事由が生じたら契約は終了するのか。契約を誰がどのように解除するか、また解除された場合の問題、例えば残存する在庫を買い戻すのかどうか、一定期間在庫処分を認めるのか。

⑫不可抗力

不測の事態が生じたときの当事者の責任はどうするか。

⑬譲渡制限

契約上の地位や権利義務を第三者に譲渡、承継するのを認めるか。

⑭通知方法

契約の履行や終了に関する通知はどのような方法で行うか。

⑮準拠法の特定

契約条項の解釈でもめ、あるいは紛争が生じたときにどの国の法律で解決するか。

⑯紛争解決方法

紛争が生じた場合、訴訟、仲裁等どのような手段と方法で解決すべきか。

販売店契約と同様に、Part Ⅴで紹介する文例の**リース契約書、ライセンス契約書、株式売買契約書**などでも、それぞれの契約ごとに特有、あるいは固有の条件があり、これを当事者間でつめ、確定していくことが最初の作業となります。

その次に一般条項（general provisions）の内容をつめていくことになりますが、上記の⑩〜⑯のほかにも、一般条項あるいはその他雑条項としてさまざまな事項があり、詳しい内容は Part Ⅳ. 1.（P.52 〜）で説明することにします。

4 契約条件を確定する際に 気をつけること

1 契約内容の文書化

　前項で述べたような契約条件の確定には時間がかかるばかりでなく、関係する法律、規則、政府の許認可、条件の詳細な内容を注意深く検討しながら契約文書として作り上げていくためには、大変な労力と時間が必要となります。

　ある範囲については事項、内容いかんによっては弁護士、会計士、税理士などの専門家に適宜相談したり、あるいはその条項を含む契約文書全体の構成および内容が正しく規定されているか、契約文書の原案をレビューしてもらうこともあるでしょう。

　ときには契約当事者間で意図する、あるいは想定する取引関係から生ずる権利義務およびこれに基づき派生する効力、効果など契約の目的を確実に達成、実現させるために、**契約文書全体を弁護士などの専門家に作成（drafting）してもらうことも必要です。**

2 まず「秘密保持」ありき

　交渉段階で協議した内容、事項を文書化していく前の段階で、時として契約に特有な条件について**交渉を始めるにあたり、先方から締結を求められる契約書があります。**

　契約に特有な条件、内容が重要な財産的価値を有する場合、例えば対象となる製品が特許性を有し、その機能、仕様、構成、素材、材質に高度な技術的発明が加わっている場合、その製品の操作、仕様にあたって特別なノウハウが必要な場合など、知的財産権が付帯する製品が取引の対象となっている場合は、まずこれらの製品の特徴を開示する前の段階で秘密保持契約（Confidentiality Agreement：CA、Secrecy Agreement：SA）あるいは秘密非開示契約（Non-Disclosure Agreement：NDA）の締結を求められることがあるのです。

　この種の契約は後に説明する企業買収（Merger and Acquisition：M&A）に先立ち、お互いの企業の財務内容、製造技術にかかる知的財産を開示するに際して必ずといってよいほど事前段階で締結が必要となります。言い換えれば、このCAやNDAに署名しなければM&Aの交渉に移れないといっても過言ではありません。

3　時間的経過のもとで作成される契約文書

　契約条件確定に向けての交渉過程で暫定的、予備的に文書を取り交わすことがあります。

　契約交渉の過程において、その経過を記載し、合意された前提、条件等を要約した内容が議事録（minutes）として作成され、署名を求められた場合、これに応じてよいのでしょうか。

　この議事録（minutes）には会議あるいは協議の過程が忠実に記録されるのが建前ですが、**なかにはこれを作成する担当者の主観や思惑が文章となって表れている場合があります。**

　それこそ「言った」、「言わない」の紛議が起こらないようにその内容を慎重にチェックし、誤りがあればきちんと訂正を申し入れ、正確な記録として残し、その内容を確認しておくことが肝要です。議事録（minutes）といえども、両当事者あるいは出席担当者が署名したものであれば立派な証拠になります。

4　暫定的、予備的になされる合意

　前項で述べた会議あるいは協議の過程を記録することが本来の目的で作成される議事録（minutes）より、さらにその内容からもう一歩踏み込んだ暫定的な合意内容、あるいは正式契約文書の前段階の予備的合意事項を盛り込んだ合意書が作成されることがあります。

　趣意書（Letter of Intent：LOI）、覚書（Memorandum of Understanding：MOU）、了解書（Letter of Understanding：LOU）、合意摘要書（Heads of Agreement：HOA）などの表題が用いられる契約文書がそれで、**予備的合意書**などと総称されています。

この予備的合意書の内容については後に詳しく説明することにしますが、ここで重要なのは当事者の合意内容があくまでもいずれ締結される予定の正式契約（formal agreement, definitive agreement）に向けての予備的（preliminary）、あるいは暫定的（tentative）な内容であるということです。

　そこに法的拘束力（binding effect）を与えているかどうかを見極めることが、これらの文書に署名する前に慎重にチェックする必要があるひとつの重要なポイントであるといえます。

　このような LOI あるいは MOU がひとつ、あるいは複数積み上げられて最終的に正式契約調印へと進んでいくのが普通です。なかには LOI や MOU にかなり詳細な合意内容を盛り込み、実務上の契約条件の履行あるいは権利の行使や義務の負担は、実際には先にスタートしてしまい、特に詳細な正式契約を後日締結することなく取引が継続するような場合もあります。

　こうなるとますます予備的な合意書においてどんな契約条件を規定し、合意しておくのか、またその条項に法的拘束力を与えるかどうかには細心の注意を払う必要があるでしょう。

実 践 編

英文契約書の「作成」に関する基礎知識

契約文書を作成するうえで検討すべき基本的なポイントを解説します。

1 合意条項の分類

1 取引に特有な条項から作成を始める

　契約条項の作成は、その契約がもつ「特有な条件」から始めます。Part Ⅴの［文例8］「独占販売店契約書」を例にとると、Part Ⅱ.3.2（P.35）の「①製品の特定」から「⑨製品の保証とクレームが生じたときの処理」までの9項目がこれに該当します。

　これらの条件につき詳細をつめ、契約条項として作成していくことが最初の作業です。

　しかし、先に述べた9項目につき最初から販売店契約の完全な契約条項として作成するには、社内手続の問題あるいは時間的な問題などにより難しい場合があります。

　とはいえ、取引の相手方として先方の企業の当該国ないし地域における販売能力、可能性が高く評価できることから、どうしても取引のチャンスを逃したくない、というのであれば、交渉の過程で段階的に合意に至った基本的な条件を暫定的に、予備的合意書（LOI、MOUなど）として作成し、基本的な事項、重要な条件の一部でも合意して先方の企業を「つかまえて」おくのも得策かもしれません。

　そのような意味において、前に述べた予備的合意書（LOI、MOUなど）の締結が役に立つ場合があることを知っておくとよいでしょう。

2 一般条項のウエイト

　先に述べた販売店契約書の例において、一般条項とされている部分は、Part Ⅱ.3.2で列挙した「⑩契約期間の確定」から「⑯紛争解決方法」までの7項目です。

　一般条項は雑条項（miscellaneous）ともいわれ、当該契約に特有な取引条件とは離れて、当事者間で取引が継続していく過程で共通して適用さ

れるような一般的な条項ですが、他にも、契約の変更、修正はどのような
手続で行うか、契約締結前に締結した合意文書あるいは口頭での申し合わ
せ事項の効力を認めるかどうかなど雑条項として規定すべき事項はいくつ
もあるでしょう。

　これらの一般条項の中には、**どうしても優先的に決めておかなければな
らない事項**と、**当事者の利害に直接結びつくほどの重要さではない事項**に
分けることができます。

3 契約期間の重要性

　一般条項の中でその優先度が高いものの代表的な例として**期間の条項**の
作成を考えてみましょう。

　販売店に対し、販売権をどれくらいの期間与えるかは販売店契約の重要
な項目です。特に独占的販売権を与えるということは、契約地域（territory）
内で他の販売店を指定して同一製品を販売することができないことを意味
します。販売店の契約地域における販売能力あるいは可能性に賭けて、そ
の期間を決める必要があります。

　これに関連して期間満了後に契約を更新するか、しかも契約更新は事前
に申入れをして更新しない旨を明らかにしない限り、同一条件でさらに期
間を更新する（自動更新）条項を規定するべきかどうかが問題となります。

　契約が更新されることなく、契約期間が満了、あるいは解除により契約
が期間途中で終了した場合、販売店の手元にある製品の在庫は、いきなり
販売できなくなるのか、それとも一定期間在庫処分のための期間を認める
か、などの問題について、契約期間の終了に関連してつめておくべき事項
になるでしょう。

　このように一般条項といえども、その条項ひとつをとってみても当事者
間で合意しておくべき内容としては重要で、特に海外との契約文書を特徴
づける（日本国内の当事者間では一般的には規定されることが少ない）条
項もいくつかあるので、その詳細は Part Ⅳ. 1.（P.52）で検討することに
します。

1　標準条項を理解する

　書店の法律専門書のコーナーや図書館にある数多くの英文契約書に関する書籍やマニュアル本に紹介されている契約文書の標準的な書式やモデル条項は、契約文書を作成するうえでとても役に立ちます。

　契約文書の事例を詳細に検討して、どのようにしたら契約文書を体系的に理解できるか、どんな条項が契約文書としてふさわしいか、標準的な契約条項においてどんな点に注意したらよいかなど、懇切丁寧にわかりやすく解説する、というのがその多くに共通する執筆あるいは編集方針だからでしょう。

　これらの書籍や解説書を読んで、契約条項にはどんな内容が含まれているのかを理解し、その表現に慣れてきたら、実際に契約条項を作成してみましょう。

2　ひな形の落とし穴

　ある海外の取引先と契約を取り交わさなければならないので、何か適当なひな形があれば送ってほしい、と頼まれる場合があります。
「何か適当」ということであれば、標準的なモデル条項をいくつか書籍やマニュアル本から寄せ集めて契約文書の形式を整えるというのが最も簡単な方法でしょう。

　ただ、この方法には大きな落とし穴があります。

　それは、モデル条項はあくまでも「モデル条項」であって、契約関係に立とうとする当事者を公平かつ対等な当事者とみたうえで、そのような当事者間で一般的に取り決めるべき普遍的な条項にすぎないからです。

　契約条件交渉は一種の「せめぎ合い」であって、強者と弱者、需要と供給などさまざまなパワーバランスのもとで交渉を重ね、合意に至ったところを文書化するのが契約文書であるという現実を考えると、安易に「ひな

形」としての「モデル条項」を交渉の相手方に提示するのはリスクがあります。

　自分にとって不利と思われる条項が潜んでいたり、あるいはその取引において確保しようとした条件の提示を落としたりすることがあるからです。

ひな形のメリットとデメリット

　メリット

　◦ 一般的に取り決めるべき普遍的な条項が入っている
　◦ 合意するべき点を知るうえで参考になる

　デメリット

　◦ 不利になる条項が潜んでいる可能性がある
　◦ 確保したい条件の提示を落としかねない

---

3 契約文書作成のポイント

1 契約文書には一定のスタイルがある

Part Ⅱ.3.2（P.35）で述べた①～⑯のポイントを相手方の契約当事者と交渉してつめていった結果、合意した内容をそのまま文書化すれば、契約文書として完成します。

とはいっても契約文書として作成する場合には契約の合意内容を一定の体裁（スタイル）で規定する必要があります。

日本の会社がある海外の企業と取引を行うにあたり、国内で一般的に使用している標準的な取引条項に基づく契約文書をそのまま英訳し、先方の海外の企業に提示する例があります。

これとは逆に日本の外資系の会社が、ある日本の企業と取引を行うにあたり、海外の本社で一般的に使用している標準的な取引契約を和訳し、そのまま日本の企業に提示する場合があります。

どちらもその契約文書の内容が少し奇異に感じられるのはなぜでしょうか。そのひとつの原因は契約文書の構成、様式が異なることです。

契約文書の本文たる内容は重要ですが、その構成、様式を無視すると、相手方から「国際的な取引をするには素人の会社」などと誤解され、グローバルセンスを疑われかねません。 スタイルも重視しながらスマートに契約文書を作成することが大切です。

2 標準的な契約文書の特徴

日本国内の取引に限定し作成される契約文書は、通常、契約書の表題の部分には、契約当事者の名称（会社名など）が記載される程度で、当事者の住所（本店所在地など）や代表者名（捺印する者の肩書および氏名など）、契約締結日などは末尾に表示されます。

これに対して標準的な英文の契約文書のスタイルを [**文例7**] の「売買基本契約書」（Basic Sales Agreement）（P.150）を例にとってみれば次の

ようになります。

英文契約書の形式

BASIC SAL①GREEMENT

THIS AGREEMENT, made and entered into this 1st day of April, 2020 by and between:

E&F Co., Ltd., a corporation duly organized and existing under the laws of Japan and having its principal place of business at 4-5-6 Hakusan, Bunkyo-ku, Tokyo 112-0011, Japan (herein② referred to as "Seller"),

and:

GHI Corporation, a corporation duly organized and existing under the laws of Korea and having its principal place of business at 2nd Fl., Lotte Bldg., 12-3 Seocho-Dong, Seocho-ku, Seoul, Korea (hereinafter referred to as "Buyer").

WITNESSETH THAT:

WHEREAS, Seller is engaged in the business, among other things, of manufacturing, exporting and selling products as defined hereinafter; and WHEREAS, Buyer desired to impo③ntinuously from Seller from time to time based upon Individual Contra as defined below) and to sell said products to Buyer's customers in Korea.

NOW, THEREFORE, in consideration of the mutual covenants and agreements herein contained, the parties hereto agree as follows:

Article 1. Purpose

1. Buyer agrees to buy and Seller a④ to sell the products to be specified in each pro forma invoice (here er referred to as "Products").
2. The purchase amount under this Agreement shall be settled in Japanese Yen.

Article 15. Trade Terms and Governing Law

The trade terms under this Agreement shall be governed and interpreted by the provisions of the latest International Commercial Terms (INCOTERMS 2020).

This Agreement shall be govern④ to all matters, including validity, construction and performance, by and under the laws of Japan. The parties hereto expressly agree that the application of the United Nations Convention on Contracts for the International Sale of Goods ("CISG") to this Agreement shall be strictly excluded.

IN WITNESS WHEREOF, the parties hereto have caused this Agreement to be signed and sealed by their duly authorized officer or representative as of the date first above written.

Seller: E&F Co., Ltd.

⑤ miko Furuta
Senior Managing Director

Buyer: GHI Corporation

By: Jung-Ae Lee
Title: Chief Executive Officer

---

①表題　②頭書　③前文　④本文　⑤後文

---

①表題 (title)

Agreement, Contract

＊ License Agreement（ライセンス契約）、Lease Contract（リース契約）など内容が付されることもある。

②頭書 (premises)

—契約締結年月日

—契約締結場所（記載のない場合もある）

—契約当事者名（法人の場合は、商号、会社名、団体名など）

—設立準拠法（法人の場合は、登録国、州など）

―契約当事者住所（法人の場合は、本店、主たる営業本拠地など）

③前文（whereas、recitals など）

―契約締結に至る経緯、動機、目的などが記載される。

④本文（operative part）

―契約の合意内容が、chapter、article、section、clause 等の見出しの
もとに列挙される。

⑤後文（signature など）

―契約当事者の法人名、肩書、氏名、署名欄など。

―この他に証人（witness）、公証人（notary public）などが署名する場
合がある。

⑥付属書類（attachment など）

―別紙として exhibit、schedule、appendix、annex などの表題のもと
に添付される。

3　簡易な契約文書の特徴

　日本では契約の相手方当事者から送付されてきた契約内容ともいうべき
合意事項を記載した書簡（letter）について、その内容に同意するという
形式で契約文書を作成するという習慣がほとんどありません。

　せいぜい届いた文書や書類に同封された「受領書」に捺印して返送する
ことにより、送付された文書なり書類がいつ配達、受領され、誰が受領し
たかという事実について証拠として記録に残す程度でしょう。

　これに対して海外の契約当事者との間で締結する契約文書として、**この
レター形式による契約が取り交わされることがあります**。これも両当事者
の署名に時間差があるとはいえ、各当事者の署名がある以上、そのレター
の内容である合意事項について契約が成立したことの証として法的拘束力
（binding effect）をもつ立派な契約文書となります。

　このようなレター形式による契約書（P.128 〜）は、一方の当事者が送付する書簡という形式のため、契約の目的とする合意内容や取引条件が一方的、片面的な内容に留まる場合や、契約交渉過程で暫定的に合意に至った条件の一部を中間的に確認しておく場合などに作成されます。

　その意味では予備的合意書（LOI、MOU など）と同じ効果をもちながら、簡易な形式で作成される合意文書と理解しておけばよいでしょう。

　Part Ⅴの **[文例 5]** の「秘密保持契約書」の例で形式をみてみましょう。

　AB CO., LTD のレターヘッドのもとで相手先当事者である CD INC. に向けて差し出されたレターですが、冒頭に SECRECY AGREEMENT（秘密保持契約書）というタイトルが付いていない場合も多く、そのような場合は普通のビジネスレターと勘違いすることもあるかもしれません。

　ただ通常は同じ内容のレターの正本（original copy）と副本（duplicate copy）の２通が送付され、レターの末尾に "Agreed to and Accepted"（同意し、受諾した）とか "Acknowledged and confirmed"（承認し、確認した）など、いわゆる承諾文言が記載されています。

　その下に日付と署名を記載する欄があり、ここに日付を記入し、署名をして、その一部である副本（duplicate copy）を返送し、両当事者で１部ずつ署名済みの原本を保管することによりレターの本文に書かれた内容につき両当事者の合意した契約文書として成立させることになります。

　その意味でもレター形式とはいえ、合意内容にどこまで法的拘束力が及ぶのかをよく見極め、慎重にその内容を確認してから署名し返送することが大事です。

PART

IV

実 践 編

英文契約書
作成の実際

一般条項と各種代表的な契約に特徴的な条項について、契約文書が実際に当事者間でどのように作成されていくのか、Part Vの契約書文例を参照しながら体得していきましょう。

1 一般条項の検討・作成

1 一般条項の位置づけ

　一般条項（general provisions, miscellaneous, general terms）は、個々の契約に特有な合意条項と別に一括りとします。契約文書でいえば後半部分に登場するのが一般的で、Part Vにあるいくつかの文例もその例によっています。

　これらの条項は、契約文書に共通して規定されるような一般的な内容とはいえ、予備的合意書（LOI、MOUなど）にはそのほとんどが規定されません。また通常の契約文書においてもその全部が規定されるとは限らず、さらに一般条項の中には具体的に取引に特有な事項と相まって契約の成立あるいは解釈に重要な影響を及ぼす内容が含まれていることもあるので要注意です。

2 英文契約書に特徴的な一般条項を見る

　一般条項の中でも終わりに近い部分に登場する、しかも日本で作成される契約文書にはあまりみられない、「これが英文契約だ」といわんばかりの特徴ある一般条項から先にみていきましょう。

①権利放棄（Waiver）

　この条項は権利の不放棄条項（Non-Waiver）とも呼ばれ、いずれも契約に基づき発生する権利や利益については、**その権利や利益を有する当事者が明確にその書面をもって放棄しない限り、その権利行使を妨げられることはないことを規定しています。**

　日本の会社間で締結される契約書にはおよそ規定されることのない条項で、奇異に感じることがあるかもしれません。

　当事者間の取引の過程、あるいは権利義務を履行する状況において、一方の当事者の契約違反あるいは債務不履行があった場合には、他方の当事

者に契約解除権や損害賠償請求権などの種々の救済手段が与えられるのが一般的です。

これらの権利行使や責任追及を怠った場合であっても、後日これらの権利行使が妨げられるわけではないことを注意的に規定するものです。まさに「権利の上に眠る者を保護する」規定ではありますが、法律の定める消滅時効や除斥期間により権利の行使ができなくなることには注意する必要があります。

②変更・修正（Amendment）

この条項は、契約に規定された条項を変更、修正または改変するには書面をもって合意することが必要であること、言い換えれば**いかなる条項も契約当事者の事前の書面による明確な合意がない限り変更、修正、改変されることはないことを規定しています。**

この条項も前項の権利放棄（Waiver）の規定同様、当たり前のことを規定しているようにも思えます。

当事者間で決めておくべき合意事項はすべて書面にしておくという発想に基づき作成される英文契約書においては、一度契約書という合意文書を作成した以上、その修正、変更も書面をもって行うという考えにつながるものです。

上記①の権利放棄（Waiver）が明確な書面によらなければ権利や利益を放棄したものとはみなされないと規定することと同じ目的の規定で、両者が同じ条項の中に規定される例もあります。

この変更・修正は、通常「両当事者の権限ある代表者によって署名された書面の合意がない限り」（except by a written agreement executed by the authorized representative of each party hereto）というように合意と認められる形式を特定することもあります。

③完全合意（Entire Agreement）

この条項は、完全合意条項と呼ばれ、契約文書が当事者間で合意された事項について、**そのすべてをことごとく完全に合意した内容として規定し**

ていることを**明示**しています。そしてその契約文書がそれ以前に当事者間でなされた一切の口頭あるいは書面でなされた合意に取って代わるものであることを規定しています。

　この条項も上記①、②同様、日本の会社間で締結される契約文書にはまず規定されることはない条項です。

　日本の契約社会では、むしろその取引慣行に照らし、当事者間では必要な条項だけを契約書として取り決めておき、あとは契約を履行するうえで必要に応じて覚書や追加契約で補充的に合意し、解決していけばよい、何か問題が起きたら、その際に話し合いで解決すればよいという契約観がある以上、この条項は極めて理解し難いということになるでしょう。

　それが証拠に、日本の契約書の末尾に近い条項として「別途協議」というタイトルのもとに、「本契約に定めなき事項もしくは本契約の解釈に疑義が生じたときは、両当事者が誠意をもって協議し解決するものとする。」という条項が十中八九規定されているといってもいいでしょう。

　この規定は「協議条項」（Good Faith）として契約書の中では「一般条項」に位置づけられるものと思われます。

　しかし紛争解決手段として裁判管轄条項が設けられているにもかかわらず、この協議条項があるとかえって紛争解決は協議によるものとし、裁判管轄条項を無効としてしまう恐れがあります。

　このように協議条項は完全合意条項とはまったく相容れない条項であって、英文の契約文書にはほとんど存在しません。

　この完全合意条項は、英米法のもとで、当事者が合意内容を契約文書にした場合には、その締結時における当事者の意思の内容を決定するにあたり、口頭の証拠によって修正したり、変更したり、その内容を否認することは許さない、という「口頭証拠排除原則」（parol evidence rule）があることに基づくものです。

　したがって契約当事者間での交渉が始まってから締結に至るまでの長い期間に、口頭だけでなく、ファクシミリや電子メールで数多くの文書が取

り交わされるという過程を経てようやく最終的な契約文書を締結したあとになって、「いや、それはそういう趣旨ではなかった」、「契約文言上そう規定されてはいるが、実際は別の合意があった」などと、**あとで弁解したり、別の解釈をしたりすることはシャット・アウトされることになります。**

　このように完全合意条項は、将来起こりうる無用の紛争を未然に防止する機能をもっています。

　何かにつけ「信義誠実」「話せばわかる」「協議による円満解決」という契約観に慣れ親しんでいる日本の会社にとって、**そもそもこのような完全合意条項を規定すべきかどうかは検討の余地があるかもしれません。**

　契約文書に規定された条項が合意のすべてであるかどうか、合意内容に漏れがないかどうか、特に契約交渉の過程において種々合意した条件が当事者間で十分に納得したうえで合意されたものと考えてよいかどうか、その後の時間の経過で合意された内容を変更する必要がないか、など最終契約文書を締結する段階になってさまざまな不安がよぎる場合もあると思います。

　そのような不安や疑問を乗り越えて、契約文書として最終的につめた内容で締結しておくことが、将来の紛争を未然に防止するというリスクマネジメントの一環であると考えれば、この完全合意条項を規定しておくべきでしょう。

　そうはいっても取引はケース・バイ・ケースであって最終契約文書締結に至る以前に口頭や文書で確認した事項が流動的で、すぐにでも状況の変化に応じて契約内容を変更する必要があるかもしれない、というような場合には、**この完全合意条項を規定しておかないという選択肢もありえます。**ただこの条項を設けないという選択も先方の当事者との合意がなければ決められないことになります。

④分離独立性（Severability）

　この条項は、可分条項、分離条項とも呼ばれ、契約書中のある条項が管

轄裁判所の判断あるいは、法律の規定、特に強行法規などによって無効や違法とされた場合であっても、**他の条項は分離、独立していてなお有効に存続することを規定**しています。

　これも契約書の条項のひとつあるいは一部が無効となった場合に、そのせいで他の条項全部が無効であるという主張は不合理である、と考えれば当たり前のことをなぜ規定するのか疑問を感じるかもしれません。

　しかしながら、契約の条項は場合によっては相互に関連して機能、あるいは解釈される場合があり、その一部に無効な条項があった場合にこれと不可分とみられるその他の条項も無効となると主張されたり、判断されたりすることがないとはいえないため（例えばアメリカ合衆国の反トラスト法違反の場合など）、念のために無効とされた場合の影響をなるべく避けるという機能を果たす条項です。

⑤不可抗力（Force Majeure）

　この条項は、**不可抗力によって契約の目的が達成できない場合には契約当事者間でお互いが負担する債務の不履行を主張することができないという規定**です。

　これは、英米法のもとで、「契約は厳格に守らなければならない」という厳格責任主義の考え方を貫いた場合の不合理性を解決する例外として、フランス法など大陸法において免責を認める法理から修正を加えたものです。タイトルどおりフランス語で表現されるのが一般的です。

　日本では「当事者の責に帰すべからざる事由」による債務不履行については過失責任主義の原則から免責となるし、履行不能が債務不履行の一態様として認められている以上、特に不可抗力条項を設けなくても当たり前と感じるかもしれません。

　ただ何が「不可抗力」にあたるのか、特にストライキやテロが不可抗力事由になるかどうか、相手方当事者との間で認識や理解が違うこともある場合を考えれば、**なるべく具体的な事由を列挙したうえで**（例えば同時多

発テロは、戦争とまではいえないにしても "war-like condition" として不可抗力事由ととらえること）、**解釈に疑義を残さないことも必要です**。それでも列挙しきれなかったら、"beyond the control of either party"（当事者の支配不可能な事由）という表現で規定するほかはないかもしれません。

　このような不可抗力の事態は永久に継続するとは限りません。ある一定の期間を経れば収束する場合もあることから、不可抗力の状況が一定日数継続したら契約を解除できるとか、不可抗力の状況が止んだら可能な限り速やかにそれぞれ債務を履行する、と規定する場合もあります。

⑥ハードシップ（Hardship）
　この条項は、履行不能という状態ではないが、**契約当事者を取り巻く経済環境が著しく変化し、そのため債務の履行が極めて困難であるとか、不公平であるという場合に、契約の見直しや改定を行うことを目的として規定される**ことがあります。
　日本法のもとで「事情変更の原則」により問題となった契約を解除したり、あるいは契約の特定の条項の適用を排除したり、権利の行使を認めないと解されたりしていることからすれば当たり前かもしれません。事実、日本の会社が国内で取り交わす契約にはこのような条項が規定されることがあります（賃貸借契約における賃料の改定など）。

　このような履行困難（hardship）な状況の発生を免責するとなると、前項の不可抗力条項による免責と、一見相容れない条項のように考えられるかもしれません。
　ただ不可抗力とまではいえないけれど契約が継続していく過程において債務の履行を強制することが公正を欠くという事態は起こりうるものなので、そのような事態に対応する規定をおくというのもひとつの考え方です。
　しかし、このような履行困難（hardship）な事態が発生した場合、当事者間で事態解決のための協議をすることになりますが、協議が整わなけれ

ば、結局は契約内容の変更まで強制できるわけではないので、債務不履行の問題が発生してしまうことに留意する必要があります。

⑦通知（Notice）

この条項は、契約当事者が契約を履行する過程で相手方当事者に何らかの意思表示、例えば製品の発注、契約条項の取消し、解除、住所変更その他、**法律効果を発生する意思表示のみならず単なる事実を通知する場合に、誰を宛先として行えばこれが相手方当事者に効力を及ぼすのか、またその方法、手段をどうするかを規定する**ものです。

日本の会社で交わされる契約では、代表取締役の行う法律行為が法人である会社の法律行為とみなされ、会社に法律効果が帰属することもあって、契約文書は代表取締役が記名（あるいは署名）し、代表取締役印を押印するだけで通知の宛先の条項をおかないのが普通です。

これに対して英文の契約書では、一方の当事者の意思表示あるいは事実の通知先としてこのような通知条項を設け、通知先当事者名、通知場所を明記したうえ、料金前払いの配達証明付書留航空便（registered airmail, postage prepaid, return receipt requested）、ファクシミリ、電子メール、電報あるいはその他の手段を明記します。

もっともファクシミリや電子メールは正式な書面による通知とはみなされない場合もあり、そのような場合はファクシミリによる送付、電子メールによるPDFファイルでの添付に加えて別途原本を航空便あるいは宅配便（courier）で送付することにより、正式な「通知」（notice）があったものとみなすと規定する場合もあります。

また通知が相手方当事者に到達したことにより通知の効力が生ずるとみる（到達主義）のが一般的ですが、到達するかどうかを問わず、発信後一定期間経過後に通知が到達し、通知の効力が生ずると規定する場合もあります。

日本で2009年8月に効力が発生した「国際物品売買契約に関する国連

条約」（ウィーン売買条約）については、6 準拠法（P.66）との関連で詳述しますが、同条約第 27 条によれば、「状況に応じて適切な方法により、通知、要求その他の通信を行った場合には、当該通信の伝達において遅延もしくは誤りが生じ、又は当該通信が到達しなかったときでも、当該当事者は、当該通信を行ったことを援用する権利を奪われない。」と規定しているので、この条約が適用される取引については特に注意する必要があります。

　また、この条約は、営業所の異なる国の当事者間の物品売買契約について、基本的には当事者のいずれもが締結国である場合に適用されます。

　この条約では契約の成立時期について、承諾の通知について到達時としていること、申込みと承諾の完全一致の原則を緩和していること、売買の目的物の適合性は目的物の危険移転時を基準とすること、買主は直ちに目的物を検査して合理的な期間内に通知しなければ売主の責任を追及しえないこと、契約解除は重大な契約違反の場合に限定されることなどを規定していて、当事者の権利義務に少なからず影響を与えることになります。

⑧権利と救済（Rights and Remedies）

　この条項は、契約当事者は**契約に基づき権利を行使したり、権利侵害を防止したり、権利侵害があったときはその被った損害を回復するための救済手段、方法を適宜かつ随意に行使したりすることができることを規定す**るものです。

　契約の条項そのものが、当事者の有する権利義務を規定する役割を担うことを考えるならば、当たり前のことを規定していると思えるでしょう。

　ただ契約に規定された権利を行使することが、適用される法令あるいは強行法規のもとで禁止されたり、制限されたりする場合があることから、権利者としてその有する権利を選択的にも重畳的にも行使できることを明記することに意義があります。

　日本など大陸法系の国では、権利や救済手段が制定法（statute）で定

められているのに対して、英米法のもとでは、法体系としてコモンロー（common law）と衡平法（equity）とでそれぞれ認められる手段が違うので、「コモンロー上または衡平法上認められる権利および救済手段」（rights and remedies provided at common law or in equity）とわざわざ規定する場合もあります。

⑨譲渡（Assignment）

　この条項は、**当事者が契約上の地位を相手方の事前の書面による承諾なくして第三者に譲渡することはできないということを規定する**もので、権利譲渡禁止（Non Assignment）条項と呼ばれることもあります。

　これは契約の相手方が誰であるかは当事者にとって重要な要素であることから、当事者の一方が勝手にその権利や地位を譲渡するのに制限を設けようという当たり前の発想に基づく規定です。

　したがって、子会社（subsidiary）や関連会社（affiliated company）については定義を設けたうえで、一般的な第三者（third party）とは別として除外する規定をおくこともあります。

　また譲渡につき相手方の承諾を要するとしても、この承諾をすべて相手方の裁量に委ねるのか、それとも相手方が不合理な理由により同意しないのを制限する規定、例えば"which consent shall not be unreasonably withheld"（この同意は合理的な理由なく差し控えられてはならない）を設けることもあります。

　相手方当事者の承諾を得て当事者の地位を譲り受けた譲受人に法的拘束力（binding effect）を及ぼす必要があるため、"This Agreement shall inure to the benefit of and shall be binding upon the parties hereto and their assigns and successors consented hereunder."（本契約は両当事者とそれぞれ同意のあった譲受人および承継人の利益のために効力を生じ、これらを拘束する。）というような規定をします。

⑩言語（Language）

この条項は、当事者の言語が異なる契約において、**どの言語で契約書の原本（original）を作成するか**を規定する条項です。

この規定はたぶんに当事者の力関係で決まることもありますが、英語を母語としない契約当事者の間で締結する契約については両者が共通に理解、解釈することが可能であり、しかも一般的に公平で国際的に認められているグローバルな言語である英語で正本（original text）を作成し、締結しておくことが無難といえます。

この場合、それぞれの当事者が自国語で翻訳文を作成することがありますが、翻訳はあくまでも「翻訳」にすぎません。

この翻訳と正本の両方に同一の効力を与えようとする規定をおくこともあります（例えば、国の許認可が必要なために当該国の言語で契約文書を作成することが義務づけられる場合）。

この場合でも翻訳の正当性を担保するのは実際には困難な場合があるので、正本と翻訳との間で解釈の相違が生じたときは、正本が優先するという解釈上の優劣関係を明記しておくほうが得策でしょう。

⑪見出し（Headings）

この条項は、契約文書の各条項に見出し（heading）がついている場合に、一般的には条項が大体どんな内容について規定しているのかをわかりやすくする目的で短く表現されていますが、**その見出しは単に便宜上つけているだけで肝心の規定の内容そのものを解釈するのに影響を与えるものではないことを規定する**ものです。

そんなことは当然のことであり、わざわざ規定しなくても……と思うかもしれませんが、この見出しを根拠に規定に疑義が生ずるのを防ぐため、念のために規定されるものです。

3　契約期間（Term, Period）

前項で英文契約書の特徴ともいえる、日本の普通の契約書ではあまり例をみない、あるいは規定されない一般条項を一通り検討し、また作成にあ

たって注意すべき点を説明しました。

　これに対して契約の期間（Term）についての定めは日本の契約書においてもやはり一般的な条項として存在するところです。およそ1回限りで完結してしまうような取引あるいは合弁契約（Joint Venture Agreement）のように永続的な契約関係を望むような場合を除けば、**英文の契約文書においてもその始期と終期の規定をおくのが一般的です。**このため、期間（Term）の条項も一般条項のひとつとして規定されます。

　契約には発効日（effective date）あるいは始期（commencement date）を規定しますが、通常は契約締結日（execution date）とするか、あるいは、何も定めなければ、締結日から発効すると解されています。

　また終期（ending date）については特に定める場合もありますが、ただ契約期間のみを定めることも多いようです。

　ただ特許のライセンス契約（License Agreement）などでは、"until the expiration date of the licensed patents"（許諾された特許の期間満了日まで）というように終期を明記する場合もあります。

　契約の目的とする取引が何らかの条件にかかっている場合、例えば輸出入の許認可、投資の許可、外為法上の認可を必要とする場合には契約の発効日（effective date）もこれらの許可や認可が得られた日を停止条件（condition precedent）としたり、あるいは既に有効に成立、発効している契約について、これらの許可や認可が得られなかった日を解除条件（condition subsequent）としたりして失効させることにすべきでしょう。

　また契約文書そのものと独立して権利行使期間を定める場合があります。例えば販売店契約（Distributorship Agreement）が期間満了あるいは解除により終了したのに在庫製品が残っている場合、あるいはライセンス契約が終了したのに、ライセンス許諾製品や半製品、原材料等が残存しているような場合には、本来の契約期間とは別に一定期間これらの在庫や原材料等を処分する期間を設けるのが一般的です。

4　契約解除（Termination）

　前項の期間（Term）の定めとともに、これが終了する事由として**契約を解除する条項が一般条項のひとつとして規定されます。**

　契約が終了することを意味する用語として、cancel（解除する、解約する）、expire（満了する、終了する）、rescind（解除する、解約する）、terminate（解除する、解約する、終了する）などがありますが、expire が「期間が満了する」場合に用いられるのを除けば、契約期間の中途で終了させる用語としてはほとんどその意味に違いはありません。

　契約を当事者間の合意で終了させる場合については Part Ⅴ の ［**文例3**］ で説明することとして、ここでは当事者の一方に契約違反など一定の事実が生じた場合に、相手方当事者の意思表示（intention）により終了させる場合と、当事者の一方に一定の事由が生じた場合（event of default）に契約を終了させる場合の条項の作成について説明します。

　まず、当事者の一方に債務不履行（non-performance）あるいは契約違反（breach）等があった場合、直ちに契約解除の効果を発生させる場合（無催告解除）と、一定の猶予期間を設け、不履行ないし違反の事態を治癒ないし是正させるチャンスを与え、それでも誠意をもって履行されない場合に解除の効力を発生させるという場合があります。

　契約は本来一定の期間、信頼関係のもとに存続するものであるという基本的な考え方に照らせば、催告により猶予期間を与え、不履行が是正されない場合に解除を認めるのが一般的といえます。

　この契約違反のうち、軽微な違反を除き、重大な違反（substantial breach, material breach）の場合に限り、解除の効力を発生させる場合があります。何が「重大な」違反か解釈上疑義が生ずることもありますが、実務上解除権行使を制限する規定として使われることも多いようです。

　次に当事者の一方に一定の事由が生じた場合（event of default）は、催告なしに自動的に解除により契約を終了させる条項として規定されます

が、その代表的な例としては以下のような事由があります。

催告なしに契約解除となる事由の例

....

①破産（bankruptcy）

②特別清算（special liquidation）

③会社整理（composition/arrangement）

④会社更生（reorganization）

⑤民事再生（civil rehabilitation）

⑥差押え（attachment）

⑦滞納処分（attachment for delinquent tax）

⑧仮差押え（provisional attachment）

⑨仮処分（provisional disposition/injunction）

⑩手形不渡処分（dishonor of bill）

⑪銀行取引停止処分（suspension of bank transactions）

⑫支払不能（insolvency）

⑬解散（dissolution）

⑭清算（liquidation）

これらの事由は一まとめに解除事由として列挙されるのが一般的です。
このような事由があるときに解除権を発生させるのは、申立て（application, filing）がなされたときか、裁判所等による手続開始（commencement of proceedings）、あるいは宣告（declaration）まで必要なのかを決めておくべきでしょう。

　また国や地方によって会社を清算したり、解散したりする法制度が違う場合があり、必ずしも上記のような事由が適切でない場合もあるので、解除条項として作成するにあたり、注意が必要です。

　解除の効果として契約関係終了により、引き渡されていたものの返還、使用の中止、原状回復、期限の利益喪失（acceleration）、損害賠償額の予

定（liquidated damages）、損害賠償の範囲等、契約関係の清算に伴う種々の措置ないし効力等につき決める必要がありますが、個々の契約の特殊性に即して協議し、規定しておく以外に方法はないでしょう。

　契約をこれから当事者間で締結し、取引に入っていこうとする当初の段階で、どのような場合に契約を終了させるかという解除の問題や、解除された場合に、その後の処理、清算をどうするかについて協議するということそのものが、まるで結婚しようという当事者が婚姻届を提出する前に、どのような場合に離婚するか、また離婚した場合に夫婦関係をどのように清算するかを予め話し合っておくようなもので奇異に感じることもあるでしょうし、そこまで話し合って決めておかなくても……と考えるのももっともなことかもしれません。

　ただ、国際的な取引においては、素性の知れた相手方と取引をする場合であっても「契約」に対する基本的な考え方が異なる以上、紛争や問題が起きてからでは遅い、というのも事実です。

5　契約更新（Renewal, Extension）

　契約期間（term）が満了した場合、**この期間を延長するかどうか、延長するとしたら、いかなる条件でどのくらいの期間とするか、何も反対がなければ同一条件で自動更新（automatic renewal）とするか等は予め協議のうえ規定しておく必要があります。**

　特に締結した契約の継続期間中に個々に取り交わされる個別契約を履行している間に元となる本契約が期間満了により失効してしまうことがあるので、期間の管理に注意することが必要なのは当然です。

　個別契約が効力を生じている場合、例えば販売店契約（Distributorship Agreement）に基づき既に注文した製品がまだ引き渡されないうちに期間が満了してしまうような場合には、当該注文にかかる個別契約に基づく取引については期間満了後も有効に存続するよう手当てする規定をおく必要があります。

6 準拠法（Governing Law, Applicable Law）

　この条項は、**当事者間で締結する契約文書の成立、効力、方式、解釈等のすべてにつきどこの法律を基準とするかを決める規定**です。

　契約文書を作成するうえで相手方当事者が外国の企業である場合、その準拠法を日本の法律とすることで同意してもらえるならば基本的には日本の法律で解釈すればよいので、さほど神経質になる必要はないでしょう。

　ところが相手方との力関係に差がある場合、あるいは契約から生ずる取引の大半あるいは重要な部分が相手方の国で行われる場合で、相手方の国あるいはその関係する第三国の法律（実際には考えにくい）を準拠法とせざるをえないときは、作成すべき契約条項が法的に有効に成立するのかという点をはじめ、その効力、履行、解釈のすべてにわたり当該外国法を基準として考えなければならず、場合によってはその国の専門家の法的意見も聞いておく必要があります。

　このようなことから契約当事者はいきなりお互いに自国法を準拠法として認めさせようと「綱引き」をすることがありますが、どうしても対立して協議が整わないときは、**あえて準拠法の規定をおかないというのもひとつの選択肢**といえます。

　この場合に将来当事者間で紛争が生じたら、紛争解決手続を行う場所における手続法、すなわち法廷地または仲裁地の法によって準拠法をどの法律と解すべきかの判断が行われることになります。

　もっとも日本の「法の適用に関する通則法」（「通則法」）第7条は当事者自治の原則に基づき、「法律行為の成立および効力は、当事者が当該法律行為の当時に選択した地の法による。」と規定し、原則として当事者が自由に準拠法を決めることができるとしているので、日本法を準拠法とすることを合意すれば取引から生ずる法律行為の成立および効力のすべてにつき原則として日本法が適用されることになります。

　これに対して準拠法を契約文書に定めておかないと「当該法律行為に最

も密接な関係がある地の法」が適用されることになります（通則法第8条）。

　日本法を準拠法と定めた場合でも、動産または不動産に関する物権や登記については、目的物の所在地法（通則法第13条第1項）があるほか、強行法規性のある消費者契約（通則法第11条）、労働契約（通則法第12条）について特則が設けられているなど、準拠法が合意されていても当該契約の効力、履行のすべてにわたり必ずしも全面的に適用されるわけではないことに注意する必要があります。

　ここで国際的な動産の売買に関する条約で、売買契約の成立や当事者の権利義務などを定めた国際条約である「国際物品売買契約に関する国連条約」（United Nations Convention on Contracts for the International Sale of Goods：“CISG”）、一般にはウィーン売買条約と呼ばれている条約の適用が契約の準拠法を定めるうえで問題となります。

　ウィーン売買条約については、アメリカ合衆国、中国、ドイツ、フランス、イタリア、カナダ等の主要国に加え日本も2008年7月に加盟し、2009年8月1日から日本についても発効しています。

　ウィーン売買条約（“CISG”）は売買契約の当事者の所在する国がいずれも同条約の締約国である場合には当然に適用されます（1条1項a号）。

　また一方が非締約国であっても国際私法の準則によれば締約国の法が当該契約の準拠法とされる場合（1条1項b号）にもCISGが適用されます。

　すなわち日本と非締約国の企業との動産売買契約において準拠法を日本法とする合意がなされたり（通則法7条）、あるいは日本企業が売主となって買主たる非締約国の企業に動産を売り渡す契約をしたりする場合に通則法8条2項により引渡しという特徴的給付を行う売主たる日本企業の常居所地である日本法が最密関係地法と推定される場合にもCISGが適用されることになります。

　CISGの適用上の問題については2の⑦**通知**（P.58）で一部ふれましたが、CISGでは契約の成立について、申込みは原則として撤回可能であるとか（16条1項）、承諾の通知について到達主義が採用されるとか（18条2項）、

売主と買主の義務それぞれについて詳細に規定し、義務違反に対する救済方法を定めるうえで過失責任主義を適用しないなど（30条以下88条まで）、日本の民法ないし商法上の解釈、実務とも相違する部分が多々見うけられます。

CISGを適用した場合の実務の検証、紛争が生じた場合の裁判例などの蓄積がない中でCISGの適用が広く認められていくことには懸念があるところです。

このようなCISGの規定の大部分は任意規定とされており、当事者の合意で排除または変更することができます（6条）。

先に述べたように動産売買契約書において「本契約の準拠法は日本法とする」という定めをしたところでCISGの適用は排除されないことを考えると、**むしろCISGの適用を排除してしまう（オプト・アウト：opt-out）規定をおくことが望ましく、実務でも広くCISGの適用を全面的に排除する傾向にあります**（オプト・アウトの条項例として**［文例7］**の「売買基本契約書」第15条参照）。

なお、売買契約において貿易条件としてインコタームズ（INCOTERMS）2020を適用することに合意する場合、多くの場合CISGの適用は排除されることとなりますが、契約成立の要件や契約違反に対する救済等についてはインコタームズ2020では規定していないので、CISGの適用を全面的に排除するためには、先に述べたようにオプト・アウトの条項が必要となります。

7 裁判管轄（Jurisdiction, Forum）

この条項は、当事者間で契約の解釈、履行等をめぐって紛争が生じたときに裁判で解決する手段をとった場合、**どの裁判所で紛争を解決するか、その裁判所の管轄について決める規定**です。

紛争やトラブルが生じた場合に仲裁によるべきか、裁判によるべきかその判断が難しい場合がありますが、裁判を選択した場合には管轄裁判所を

決めておくことが望ましいところです。

　なぜならば、管轄裁判所を決めておかないと、どの裁判所へ訴訟を提起すべきか悩むところですし、ある裁判所へ訴訟を提起した場合に、相手方から管轄違いや移送を申し立てられた場合には、その訴訟が審理されるべき裁判所を決めるためだけに時間と費用がかかってしまうことがありうるからです。

　一般的にいえば自国の裁判所を専属的管轄裁判所として合意できればそのほうが望ましいといえるでしょう。しかし例えば、日本に事務所も営業所もなく何らの資産もない契約の相手方との間で、東京地方裁判所を専属的合意管轄裁判所と定めておくことができたとしても、いざ紛争が生じ、訴訟を提起した場合において、訴状をどのように送達するか（外国の当事者に対しハーグ条約による送達手続をとる必要がある）、日本の裁判所で判決を得たとして、その判決がその当該国で有効なものと認められるか、また執行することができるかどうかなど、さまざまな問題をクリアーにする必要があります。

　ここで送達代理人（agent for receipt of service of process）の選任という手続があります。相手方当事者が自国に資産や施設もなく営業所や事務所もないような場合に、**自国の子会社や法律事務所を、訴訟を提起した場合の訴状（complaint）や召喚状（summons）などの送達（service）を受領する代理人として選任する規定をおいておけば、この送達代理人に対する送達をもって本人への送達とみなされます。**

　訴訟を提起するにあたり、一番やっかいな送達条約の手続もとることなく、送達の問題をクリアーにする手段として有効であることを知っておくと便利です。

　この管轄をいずれの国の裁判所とするかについては、前項の準拠法同様、交渉上「綱引き」をすることがありますが、どうしても対立して協議が整わないときは、あえて管轄の規定をおかないというのもひとつの選択肢と

いえます。

　この場合、国際私法上のルールに従い、被告とされる当事者の住所、不法行為の結果発生地、目的地の所在地などを管轄する裁判所に訴訟提起することもできるでしょう。

　ただ、その場合でも裁判管轄につき、なおも紛糾することがあることを考えると、裁判による解決を諦めて、代わりにある一定の常設仲裁機関による仲裁によって紛争を解決する規定をおくのもひとつの方法といえましょう（訴訟と仲裁の選択については次の8で説明します）。

　前項で述べた準拠法と裁判管轄とを決めるにあたり当事者が相譲らなかった場合に、どちらを優先して合意を取りつけるかは契約の交渉上悩むところです。管轄地を自国の裁判所としたほうが、自国の訴訟弁護士に依頼して訴訟や執行手続を行うことができるというメリットがあることは事実でしょう。

　加えて、管轄地の法律が準拠法の決定に影響があること、準拠法を自国の法としたところで、実際の紛争の内容いかんによってその適用を認められない場合があることなどを考えると、準拠法を自国法として自国の弁護士によるアドバイスを受けながら契約を解釈、履行することにもメリットがあるとはいえ、**どちらかといえば裁判管轄を優先して交渉したほうが得策**といえるでしょう。

8　仲裁（Arbitration）

　この条項は、**紛争解決のための手段として前項の裁判所の判断ではなく、第三者である仲裁人の仲裁判断に委ねることを合意する規定**です。

　当事者間に将来紛争が生じた場合に、裁判で解決すべきか、仲裁で解決すべきか悩むところです。

　一般的に仲裁が訴訟と比べて優れていると思われる主な点は、次のとおりです。

仲裁が訴訟と比べて優れている点

①裁判では裁判官は選べないが、仲裁裁定（award）では取引や製品の専門家を選択することができ、実務的な判断が期待できること。

②裁判は上訴される可能性があるが、仲裁は1回限りの判断で迅速に紛争を解決できること。

③裁判と比べて手続が簡単で費用が少なくて済むこと。

④公開の法廷で審理されるわけではないので秘密を保てること。

⑤裁判ではその国の公用語を用いなければならないのに対し、仲裁では英語や自国語の選択が可能なこと。

⑥手続を明確にしておくことにより、特にアメリカなどでの裁判で認められる陪審裁判（jury trial）や証拠開示（discovery）等の面倒な手続を回避できること。

⑦裁判で得た判決の執行を実施する国で執行判決取得の問題を考えることなく、「外国仲裁判断の承認及び執行に関する条約」（ニューヨーク条約）に当事者が加盟しており、あるいは常設の仲裁機関であれば、仲裁判断の執行が保証されていること。

⑧裁判と異なり、必ずしも法律上の紛争に限らず当該取引に特有なビジネス上の紛争についても柔軟な解決が期待できること。

　これに対して、訴訟が仲裁に比べて優れているといわれる主な点は、次のとおりです。

訴訟が仲裁と比べて優れている点

①仲裁では、当事者が仲裁人の報酬を含め、その費用を負担しなければならないのに対して、裁判ではその費用の多くが国の負担となること。

②裁判では、上訴の機会が認められているのでより正確、かつ適正な判断が期待できること。

③仲裁と比べて明確で、法律や先例に照らし、予測可能で安定的な法的判断が期待できること。

④民間人ではなく、法的に経験を積んだ国家機関による裁判であることから、公正さが期待できること。

⑤保全処分等、暫定的な法的措置をとることができ、法的措置の執行が容易であるのに加え、その手続中に和解することも可能なこと。

　以上述べてきた両者のメリット、デメリットをよく知ったうえでそれぞれの契約交渉の過程の中で選択するほかはないといえます。

　ただ契約の目的である取引の内容、類型（例えば、売買取引、船舶による輸送に関連する取引など）によって仲裁による紛争解決の事例、先例が蓄積されている分野、業界の特殊性や商慣習が重視される分野などでは裁判よりも仲裁のほうが紛争解決手段として適切といえることもあります。

　仲裁で紛争を解決するという手段として当事者間の協議の結果、仲裁条項を契約に規定することとした場合には、次のような内容を取り決める必要があります。

①仲裁規則

　個別仲裁（ad hoc 仲裁）において、仲裁規則を自主的に決める場合もあるが、国際連合国際商取引法委員会（UNCITRAL）が仲裁規則を制定しているのでこれを適用するのが便利である。

　機関仲裁（institutional arbitration）の場合には、その機関が定める仲裁規則による。

②仲裁人の数

　1名ないし3名（3名の場合は、各当事者が1名ずつ選任した仲裁人の合議で第3の仲裁人（umpire）を選任し、2名の仲裁人の意見が食い違った場合に第3の仲裁人の判断で合議体の裁定とする取決めをする場合も

ある）。

③仲裁場所

当事者間の合意で定めるが、合意できなければ国際商業会議所（ICC）の仲裁裁判所や商工会議所の会頭が決定すると定める場合もある。例えば、日本と中国でどちらの仲裁機関、仲裁地とするかで対立した場合に、香港やシンガポールを仲裁地としてその場所の常設仲裁機関である香港国際仲裁センター（HKIAC）やシンガポール国際仲裁センター（SIAC）における仲裁合意をするのも有効とされている。

④仲裁手続で使用される言語

当事者間の合意で定めるほか、仲裁人の定める言語による場合も多い。

⑤仲裁費用

仲裁の申立費用および申立代理人弁護士の費用は各自負担とするが、仲裁人の報酬および経費は当事者の均等負担とするか、敗訴者負担と取り決める場合もある。また仲裁費用の予納についても決めることも多い。

⑥仲裁判断の効力

仲裁判断は最終的（final）なもので当事者を拘束する効力（binding effect）を有するものと規定するのが一般的である。

仲裁判断の執行については「外国仲裁判断の承認及び執行に関する条約」（ニューヨーク条約）や多数国間あるいは２国間の合意ないし協定、条約が適用される。

以上のような内容を決める場合、常設仲裁機関であれば、独立した仲裁規則をもち、仲裁人の候補者リストがあり、仲裁費用についても定めているので一般的には常設仲裁機関を利用したほうが便利でしょう。

代表的な仲裁機関としては、次のような機関があります。

代表的な仲裁機関

①アメリカ仲裁協会

（American Arbitration Association：“AAA”）

②国際仲裁裁判所

（International Court of Arbitration）〈国際商業会議所（International Chamber of Commerce：“ICC”）の下部組織〉

③ロンドン国際仲裁裁判所

（The London Court of International Arbitration：“LCIA”）

④シンガポール国際仲裁センター

（Singapore International Arbitration Centre：“SIAC”）

⑤香港国際仲裁センター

（Hong Kong International Arbitration Centre：“HKIAC”）

⑥一般社団法人日本商事仲裁協会

（The Japan Commercial Arbitration Association：“JCAA”）

9 調停（Mediation）

　P.68の7で述べた裁判による紛争解決およびP.70の8で述べた仲裁による紛争解決のいずれの手段にもそれぞれメリット、デメリットがあり、契約書を作成するうえでも、さらに相手方当事者との間でいずれの紛争解決手段をとるべきかを決めるうえでも、その判断が大変難しい局面があることは否めません。

　裁判（訴訟）、仲裁のいずれについても紛争解決に至るまでには多額の費用と長期にわたる時間がかかるのが実態です。

　そこで判決や仲裁判断のように一刀両断的に結論が下され、執行力を伴って強行的に紛争を解決するよりも、当事者の合意によりまずは、**当事者間で誠意をもって話し合いによる解決を目指そうとするのが Mediation（調停）**です。

　調停手続においては、民事上の紛争について当事者間で和解が成立するように、当事者が調停機関の調停人（mediator）の候補者リストなどから指名した調停人が介入する手続において、調停人は紛争解決のために働きかけは行うものの、最終的な紛争解決の内容は当事者が合意により決定するもので「調停合意」ないし「和解契約」により紛争が終結します。

　このような紛争の終結に至る過程およびその内容は外部に知られることがなく、秘密が保たれるのがメリットであるといえます。

　調停手続であれば訴訟によって敗訴した場合の敗訴者負担制度により裁判費用や相手方勝訴当事者の弁護士費用を負担させられたり、仲裁判断によって負けた当事者が仲裁費用や仲裁人の報酬を負担させられたりする不利益は被りません。

　先に述べたアメリカ仲裁協会（ＡＡＡ）や国際商業会議所（ＩＣＣ）も調停人が調停手続に関与して紛争を解決することを業務として行っていますし、シンガポールではシンガポール国際仲裁センター（ＳＩＡＣ）とは別のシンガポール国際調停センター（Singapore International Mediation Centre：“SIMC”）が常設調停機関として組織されており独立した調停規則をもち、調停人が関与する調停手続が利用され、数多くの紛争が調停により解決されています。

　その他の常設仲裁機関も調停手続による紛争解決を制度的に採り入れており、調停による当事者が主体となる紛争の解決も大いに利用すべきところです。

　ただこのような調停手続といえども、当事者の合意が得られないときは不調に終わり紛争は解決しません（調停条項として P.202 の**[文例 9]**「リース契約書」第 15 条参照）。

　そこで調停を試みたにもかかわらず不調となったときは、仲裁手続により解決するという条項（Arb-Med-Arb 条項：仲裁から調停へ移行し不調に終わったときは再び仲裁に戻って解決する条項）を規定することもあり

ます。すなわち調停をまず試み、不調になった場合を条件として仲裁手続において紛争を最終的に解決することを目指す、という意図のもとにこのような条項を規定するのも合理的かもしれません。

10 存続条項（Survival Clause）

契約が期間満了により終了したり、あるいは期間中当事者の合意もしくは解除により終了したりした場合に、契約に基づき発生した権利や義務は契約期間中に履行され、執行された権利や義務に基づく法的効果が発生した事実は別として、原則として過去に遡って無効になります。

契約の当事者としては、契約終了後においてかつて有効であった契約に法的拘束力がなくなってしまうと困るのでどう対応するか悩むところです。

特に外国当事者と国際契約を締結した場合、例えばノウハウのライセンス契約を締結し、その契約が終了したらライセンスを受けたライセンシーが自由にそのノウハウを使用できることになってしまうとか、裁判管轄の合意条項があったのに契約終了により合意した裁判所で紛争解決手続が実行できなくなってしまうような事態は避けるべきところです。

そこで当事者が予め合意して特定の条項を契約終了後にも有効に存続させることを目的として「存続条項」が設けられます。

このような条項は、**保証、知的財産権、秘密保持、製造物責任、準拠法、裁判管轄、仲裁などに関する効力を存続させるために規定される**ことが多く、「一般条項」のひとつとして位置づけられます。

11 秘密保持（Confidentiality）

［文例5］や［文例6］のように秘密情報を保持することを主たる内容として秘密情報の開示者と受領者との間で合意しておく契約文書もありますが、その他の契約類型においても**契約を締結している事実そのもの、技術情報、経営情報、財務内容、顧客情報など契約内容に即した多岐にわたる秘密情報を保持するための条項**が「一般条項」として設けられることが多

いようです。

　中でも顧客情報に関連して、個人情報（データ）は契約当事者の取引形態、例えば通信販売、オンライン販売などの事業を行う業者との取引においては個人情報の取扱い、管理などについて個人情報の保護に関する法律（いわゆる個人情報保護法）が適用されることに留意する必要があります。

　企業買収（Merger and Acquisition：M&A）の取引においても、買収に伴って企業が保有、管理する個人情報（データ）も買収企業に移転、処理、取得されることになり、ここでも個人情報保護法が適用されることになります。

　世界各国においてこのような個人情報の保護が法制化されています。そこで2018年5月25日から運用を開始したEU（欧州連合）の一般データ保護規則（General Data Protection Regulation：GDPR）を紹介しておきます。

　EUに進出して、EU域内に所在する個人向けに商品やサービスを提供する事業者は、その事業活動の過程で行われる個人情報（データ）の取扱いに関して、その本人のセンシティブデータの取扱禁止、利用目的との関連で必要ない、あるいは法的根拠のない個人情報（データ）の削除請求、データ取扱いの記録保持等が義務づけられています。したがって個人情報（データ）を取得するにあたり事業者はその連絡先、利用目的、取扱いの法的根拠、提供先、保護期間等について本人に通知義務が課されます。

　このようにGDPRは、事業者に対して個人情報（データ）取得の説明責任とその処理、管理、移転等を義務づけることによりEU法体系のもとで個人情報（データ）保護と基本的人権を強化することを目的とし、これに違反する事業者に莫大な制裁金を課す制度を導入しています。しかもこうした制裁がEU域外の事業者に対しても適用される（域外的適用）という特徴をもっていることに留意する必要があります。

2 契約書別チェックポイント
──合意事項を検討・作成するときはここに注意しよう

　Part Ⅴに英文契約書の一般的な文例を掲載しています。

　その中から、「秘密保持契約書」「売買基本契約書」「独占販売店契約書」「リース契約書」「コンサルタント契約書」「ライセンス契約書」「株式売買契約書」「合弁契約書」を基に各契約書を作成するときに注意すべきチェックポイントを以下に挙げます。

 ## 秘密保持契約書 ➡ ［文例6］

　［文例6］の「秘密保持契約書」（Confidentiality Agreement）は、オランダの医療機械メーカーが、日本の医療機械メーカーの主要株主からその保有する株式を購入するにあたり、その対象会社の保有する秘密情報を開示することにつき締結する例です。

　このような秘密情報の開示は株式の買収（Merger and Acquisition：M&A）の取引において最初に取り交わされる契約です。他にもライセンス契約をはじめ、秘密保持を必要とする他の契約文書において取引開始あるいは契約交渉の段階で一般的に締結される契約書です。

チェックポイント

①秘密情報の目的
　□何を目的とする情報なのか、後に締結を目指す契約や目標があればそれも明らかにする。
②秘密情報の対象
　□情報はどのような形態、媒体で存在するものか。
③秘密情報の範囲
　□ノウハウ（know-how）、営業秘密（trade secret）も含まれるか。公知（public domain）あるいは公表された情報、帰責事由のない第三者から得られた情

報等、除外すべき情報を明記する。

④秘密保持義務を負う者の人的範囲

　□子会社、関連会社等の関係者、弁護士、会計士、アドバイザー等専門家を
　　除外するか。

⑤秘密保持期間

　□対象となる契約が期間満了となった場合、あるいは特許等権利の存続期間
　　が経過した場合に秘密保持義務も終了するか、あるいは無期限（indefinite）
　　とするか。

⑥秘密保持義務違反の効果

　□損害（damage）の賠償、特定履行（specific performance）、差止命令
　　（injunction order）、その他法律による救済（remedy）方法は？

⑦秘密情報の返還

　□期間満了もしくは中途解約による契約の終了後、秘密情報をどの範囲でど
　　のように返還するか。

📄 売買基本契約書 ➡ ［文例 7］

　［文例 7］の「売買基本契約書」（Basic Sales Agreement）は、日本のメー
カーが韓国の会社に製品を販売するときの例で、最も標準的な売買基本契
約例です。

　輸出する売主側から輸出契約書（Export Agreement）、売約証（Sales
Note）、輸入する買主側から輸入契約書（Import Agreement）、買約証
（Purchase Note）というタイトルで売買、すなわち輸出入の取決め内容
が規定されます。

　売買は継続的取引となる売買基本契約を締結するのが一般的で、取引の
継続によりある程度の信頼関係が形成され、次の販売店契約（Distributorship
Agreement, Distribution Agreement）へと発展していく場合もあります。

①個別売買との関係

☐ 売買の基本契約（basic contract of sale）と別に、個別売買について注文書に対する注文請書を交換する方法による個別売買契約（individual contract of sale）を作成するか。

☐ 具体的には売主からの売約証（sales note）あるいは買主からの買約証（purchase note）で個別売買を行うか。

②対象製品

☐ 売買の対象製品の仕様、規格は？

☐ その製造、販売に許認可が必要か（関連法規、ガイドラインのチェック）。

③価格

☐ FOB（本船渡条件）、CIF（運賃保険料込条件）等で決定するか。

☐ 運送費、諸掛かり、梱包、検査、保管等の諸費用は？

④保険、税金等

☐ どんな種類の保険、税金か。誰がこれらを負担するか。

⑤検査

☐ 船積地（port of shipment）で実施するか、仕向地（port of destination）で実施するか。

⑥支払条件

☐ 信用状（Letter of Credit：L/C）か、前払い（advance payment）か、支払渡し（Documents against Payment：D/P）か、引受渡し（Documents against Acceptance：D/A）の後払いか。

⑦引渡条件

☐ FOB か、CIF か、それともインコタームズ（INCOTERMS）2020 のその他の引渡条件によるか（P.155）。

⑧所有権の移転、危険負担

☐ 製品の所有権はいつ移転するか、危険負担はどの時点で移転するか。

⑨保証

☐ 所有権および権原（title）、商品性（merchantability）、特定目的適合性（fitness for particular purpose）についての保証は？

　　□保証は明示（express）か、黙示（implied）を含むか。保証期間は？

⑩製品クレーム

　　□製品に瑕疵等があった場合の処理は？

　　□クレーム申立期間は？

⑪商標等の使用

　　□製品の購入および販売にあたり、商標の使用を認めるか。

　　□商標等の侵害があった場合の処置は？

⑫製品の宣伝、広告

　　□買主に販売促進のための活動を義務づけるか。

⑬国際物品売買契約に関する国連条約（CISG）の適用

　　□CISG（ウィーン売買条約）の適用を排除する（オプト・アウト：opt-out）

　　　かどうか。準拠法との関連は？

📄 独占販売店契約書 ➡ ［文例8］

　［文例8］の「独占販売店契約書」（Exclusive Distributorship Agreement）
は、コンピュータハードウェア製品を製造する日本のメーカーが、オース
トラリア、クイーンズランド州の会社に販売地域における独占的な販売権
を付与する例です。

　販売店（Distributor）は、一定の年間販売目標を達成するよう努力する
ことを約束している内容ですが、独占販売権を許諾する場合には最低購入
数量・金額（minimum purchase, minimum amount）に相当する製品の
購入義務を課される例も多く見うけられます。

チェックポイント

①販売権の付与

　　□独占的（exclusive）か、非独占的（non-exclusive）か。

②会社と販売店との関係

　　□販売店が会社を代表し、あるいは代理して取引をするか。

③独占権の内容

□販売店は販売地域（territory）外へ製品を販売できるか。

□会社は販売地域（territory）内で製品を販売できるか。

□会社は販売地域（territory）内で引合いや注文をうけたらどうするか。

□販売店は販売地域（territory）内で他の副販売店（sub-distributor）を選任できるか。

④競合品の取扱い

□販売店は類似または競合する他社製品を販売できるか。

⑤個別の注文

□製品の個別注文はどのような方法で、どのような形式（様式）でなされるか。

⑥販売店の製品購入義務

□販売店に製品の最低数量の購入義務（minimum purchase）を課すか、単に購入目標（target）にとどめるか。

□在庫の保管、維持はどうするか。

⑦引渡条件

□製品の輸出入、引渡条件をどのように設定するか。

□引渡しに関する運送、検査、保管、保険等の一連の手続は誰の責任で行い、誰が費用を負担するか。

□製品の所有権および危険の移転はいつか。

⑧価格

□価格はどのように決めるか。

⑨支払条件

□製品の代金の支払条件、支払いを怠った場合のペナルティは？

⑩販売促進、宣伝

□販売促進、宣伝は誰が行い、誰が費用を負担するか。

⑪保証、クレーム

□会社による保証責任は？　またクレームが生じた場合の処理は？

⑫商標、特許の使用

□販売店は製品の販売にあたり、商標の使用、特許の実施等は認められるか。

⑬契約終了後の在庫処理

　　□会社は契約終了時に在庫となった販売店の製品を買い戻すか（buy-back）？

📄 リース契約書 ➡ ［文例9］

　［文例9］の「リース契約書」（Lease Agreement）は、プリンタ用熱転写リボンを裁断するスリッターを所有し、使用している日本のメーカーが、オーストラリア、ビクトリア州の会社にスリッターを7年間リース（賃貸）する例です。

　動産、不動産等についてその所有者に賃借料を支払ったうえ、これを使用、収益するという賃貸借契約も、その内容はこのリース契約（Lease Agreement）と同様の内容となります。

　リース会社（Lessor）は、リース物件使用者（Lessee）にリース物件を引渡し、据付けした以降は、使用者（Lessee）が費用を負担し、その責任において使用します。使用者（Lessee）は、リース期間満了時に再リースするか、リース会社（Lessor）にリース物件を返還することになります。

チェックポイント

①リース物件の詳細の表示

　　□（別表にて特定）

②リース期間

　　□契約開始時期をいつとするか。

　　□リース料支払時期との関連は？

③リース料の支払方法

　　□初回をリース物件検収完了日（date of inspection）とするか（別表にて支払日および支払方法を特定）。

④物件の引渡条件

　　□物件の据付け（installation）が必要か。

　　□物件の検収（inspection）の方法は？

　　□物件に瑕疵があった場合の処理は？

□瑕疵担保責任を追及できる期間は？

⑤物件の保守

　□別途メンテナンス契約（Maintenance Agreement）を締結して保守内容を決めておくか。

⑥物件の保管、使用の制限

　□用途変更、現状変更、移動、転貸、担保権設定等の禁止。

⑦通知、報告

　□物件の使用状況、事故等に関する通知、報告。

⑧損害保険の付保

　□損害保険契約の締結および事故発生時の保険処理。

⑨物件の損傷等

　□物件の滅失、損傷についての措置は？

　□使用者の損害賠償その他の責任は？

⑩リース期間満了時の措置

　□物件の返還をどうするか。

　□再リースを認めるか。

コンサルタント契約書 ➡ ［文例10］

　［文例10］の「コンサルタント契約書」（Consulting Agreement）は、インクジェットプリンタを製造する日本のメーカーが、ニューヨーク州のパートナーシップ（組合）に、アメリカ合衆国におけるインクジェット事業に関して専門的見地からアドバイスや指導をうける例です。

　コンサルタント契約は、日本法上では委任あるいは準委任となりますが、一定の成果物を完成させるという一部請負を含む例もあります。

　ある一定の物の製作を受注し、これを完成して引き渡すという請負や、ある一定の事務を委任し、これを受任して目的を遂行するという委任など業務の委託、受託という実質を有する形態の契約も同様の内容となります。

①業務範囲の明示

　□コンサルタント業務の委託およびその内容を具体的に明示。

②報告

　□受託業務履行の結果報告の方法は？

③報酬

　□業務委託の対価としての報酬およびその支払方法。

　□業務に関連する経費は誰がどの範囲で負担するか。

　□中途解約の場合の報酬の支払いは？

④受託者の義務

　□義務および努力目標の区別と具体的な明示。

ライセンス契約書 ➡ ［文例 13］

　［文例 13］の「ライセンス契約書」（License Agreement）は、プリンタおよび関連製品を製造する日本のメーカーであるライセンサー（Licensor）が、ニューヨークにビジネスの拠点をおくデラウェア州の会社にプリンタを製造する特許をライセンス許諾する例です。

　アメリカ合衆国とカナダをテリトリーとして、ライセンス許諾をうけるライセンシー（Licensee）の権利は、製造されたライセンス製品のテリトリー内では製品の製造使用および販売については独占的な、テリトリー外での販売については非独占的なライセンスとしてそれぞれ許諾されています。

　このようなライセンス製品の製造および販売のライセンスをライセンシーに許諾する例の他に、ライセンスの形態には以下のようにさまざまな類型があります。

ⅰ）ライセンサーが製品の製造ライセンスを許諾するだけでなく、保有する商標の使用も許諾してライセンシーにライセンス製品の販売ライセンスも与える場合。

ⅱ）ライセンサーがライセンシーに製造ライセンスのみを許諾し、製造された製品はライセンサーのみが販売する場合（ライセンシーは製造下

請業者となる）。

ⅲ）ライセンサーが製品を製造し、ライセンシーに販売ライセンスのみを許諾する場合（ライセンシーは販売代理店となる）。

①ライセンス内容の特定

☐ライセンサー（Licensor）がライセンシー（Licensee）に対して、一定の権利を付与、ないし許諾（license）する内容についての特定。

a. 製造ライセンス

ライセンシー（Licensee）による製品の製造を許諾する場合で、実質的には製造委託（製品の仕様、規格等が問題となる）。

b. 販売ライセンス

ライセンシー（Licensee）に製品の販売を許諾する場合で、実質的には販売店契約（商標、ブランド等の使用が認められる）。

c. ノウハウのライセンス

産業上の技術にかかるもので、非公開を前提とし、秘密性の認められるノウハウ（know-how）を特許や製造技術などとともに許諾する場合（ノウハウの登録制度がない場合がほとんどなので具体的な特定が必要となる）。

d. フランチャイズのライセンス

ブランドや経営ノウハウ（know-how）の使用を許諾する場合で、フランチャイズ契約においてフランチャイズ権（franchise）の付与対象として規定される。

e. ソフトウェアのライセンス

ソフトウェアに認められる著作物性を前提としてコンピュータ等のハードウェアに内蔵され、あるいはその他の電子媒体を通じてその使用が許諾される。

②ライセンス許諾の範囲

☐独占的（exclusive）か、非独占的（non-exclusive）か。

☐許諾地域（territory）はどこの地域か。

☐子会社（subsidiary）、関連会社（affiliated company）に対する使用許諾は例外として認めるか。

□再許諾（sublicense）を認めるか。

③競業禁止

□競業品（competitive products）の製造、販売等の取扱いを禁止（non-competition）するかどうか。

④技術情報等の提供

□ライセンス対象製品の仕様、図面その他の情報の提供とその範囲。

⑤技術指導

□ライセンサー（Licensor）による技術指導（technical guidance）、援助（assistance）の内容として、技術者を派遣するかどうか。また派遣される技術者の技術指導の待遇、条件は？

□ライセンシー（Licensee）の技術者を派遣してもらい、これらを指導、教育、訓練するかどうか。その費用負担は？

⑥原材料の調達等

□ライセンス製品の原材料はライセンサー（Licensor）が供給するか、あるいは指定の供給業者（supplier）から売り渡すか。

□その場合の売渡条件は？

⑦改良・応用技術

□ライセンサー（Licensor）、ライセンシー（Licensee）それぞれが技術を応用し、改良することにより新たな発明、考案等をした場合、これを相互に利用（cross license）させるか。

□その場合、有償か無償か、独占的（exclusive）か、非独占的（non-exclusive）か。またその他の条件は？

⑧ロイヤルティ（使用料）の支払い

□ライセンス許諾時にイニシャルライセンスフィー（権利金：initial license fee）を支払うか。

□ランニング・ロイヤルティ（running royalty）を支払うか。

□その場合の算定基準は売上歩合使用料とするか、算定基礎の金額として税金、販売促進費用、返品、値引きなどを差し引くか。

□ランニング・ロイヤルティの支払時期は？　これに対する税金の二重課税に対する対応は？

□ミニマム・ロイヤルティ（minimum royalty）を設定するか。

□最低購入数量、金額を達成できない場合に翌年、翌期にこれを繰り越せるか。

⑨報告、記録と監査

□ライセンシー（Licensee）によるライセンサー（Licensor）に対する売上およびロイヤルティの報告はいつ行うか。

□ライセンサー（Licensor）またはその指名する者による帳簿、記録等の閲覧、謄写、監査を認めるか。その費用負担は？

⑩保証

□ライセンスの対象特許（patent）、実用新案（utility model）、意匠（design, design patent）、商標（trademark）、著作権（copyright）、ノウハウ（know-how）など知的財産権（intellectual property rights）が第三者の権利を侵害していないことの表明（representation）、保証（warranty）およびその範囲は？

□権利侵害の主張、クレーム申立て、侵害訴訟の提起などにおける通知、防御協力等の方法、範囲、費用負担は？

⑪免責

□ライセンシー（Licensee）がライセンスの正当な利用により製造した製品に瑕疵があった場合、もしくは第三者からライセンス製品につき損害賠償等の申立て、訴訟が提起された場合等におけるライセンス製品に関するライセンサー（Licensor）の免責（indemnification）は？

⑫契約終了後の在庫販売

□契約終了後、一定期間ライセンス製品の在庫処分を許すか（sell-off）。

□その場合のロイヤルティの支払いは？

株式売買契約書 ➡ ［文例 14］

［文例 14］の「株式売買契約書」（Share Purchase Agreement）は、［文例 6］の「秘密保持契約書」（Confidentiality Agreement）を締結することにより、日本の医療機械メーカーからその保有する知的財産権や財務状況などを含む秘密情報の開示をうけたオランダの医療機械メーカーが、対

象となる日本の医療機械メーカーの主要株主から株式を買いうけることになり、その株式売買に伴って締結される契約書です。

　この株式売買契約書は、株式譲渡契約書（Share Transfer Agreement）ともいわれ、株式の取得を通じての企業買収（Merger and Acquisition：M&A）の場合は、この契約形態がとられます。

　株式の取得は、いわば会社を丸ごと買収することを意味するので、対象となる会社の資産のみならず、債務、特にその存在、範囲が確定していない隠れた債務、帳簿上あらわれていない偶発債務ないし責任（contingency liability）の有無および把握が、買収価額を決めるうえでも重要な問題となります。

　そのため、企業買収にあたっては、買収の対象となる会社の資産および負債の調査、監査、いわゆるデュー・ディリジェンス（due diligence：買収監査）をする必要があります。

　このデュー・ディリジェンスは、先に述べた秘密保持契約書（Confidentiality Agreement）締結後、株式売買契約（Share Purchase Agreement）締結前の段階で行われます。

　対象となる企業の規模、事業内容、買収予定金額いかんによっては、契約交渉の中間的な段階で締結されることがある予備的合意文書（Letter of Intent：LOI、Memorandum of Understanding：MOU など）で、デュー・ディリジェンスの実施時期および方法を取り決めることがあり、法的側面からは弁護士、会計的側面からは会計士が加わって対象会社の法的、財務的分析、監査を行って買収金額の妥当性を探ることになります。

　この株式売買、譲渡による買収は、会社を丸ごと買い取るため、個々の債権、債務等の譲渡、承継手続を経なくても、包括的な事業承継が可能となります。

　加えて、対象会社が欠損を生じているような場合にはその欠損金を税務的に利用することができます（carry back, carry forward）。これは、このような株式購入の場合のメリットとなります。

その半面、先に述べた隠れた債務あるいは不確定な偶発債務ないし責任（contingency liability）が存在するというデメリットがあることから、株式の購入ではなく、資産譲渡あるいは事業譲渡という形態をとる場合があります。

　この場合は株式取得の場合のデメリットを克服できるとはいえ、買収の対象となる資産、事業の譲渡対象となる個々の資産について譲渡手続をとらなければならず、また負債の承継についても債権者の同意を要するなど、株式譲渡に比べ、煩雑な手続をとる必要があります。

　このように企業買収にあたり、株式、資産（事業）の譲渡のいずれを選択するかは、対象となる企業の資産の規模、内容その他種々の事情を考慮して慎重に判断しなければならないところです。

チェックポイント

①売買の対象（shares）

　□売買の対象となる株式の種類、数量、価格は？

②代金の支払い（payment）

　□株式購入代金の支払方法は？

　□支払いにあたり中立的な第三者を介入させるエスクロー（escrow）を利用するか。

　□株券の譲渡、引渡しは行われるか。

　□代金の支払時期と株券の引渡し時期は？

③株式譲渡日（closing date）

　□その日時、場所は？

　□手続における履行内容は？

④表明および保証（representation and warranty）

〈売主側〉

　□株式発行法人の設立、権利能力、行為能力の存在（good standing）

　□本契約締結の権限

　□本契約およびこれに基づく売買の有効性

　□本契約に基づく売買に要求される許認可の取得

☐譲渡株式の有効性、担保等制限の不存在

☐売主が譲渡株式を真実所有し、売却、譲渡権限があること

☐会社の財務諸表の正確性および内容に変更のないこと

☐動産、不動産等の資産を所有していること

　　またこれら資産に設定された担保権等制限物権、利用権の有無

☐知的財産権を保有し、もしくは実施権ないし使用権を有していること、および第三者の権利を侵害していないこと

☐売掛金債権および在庫の存在

☐税務に関し、申告、納税が適法に行われていること

☐訴訟、調停あるいは訴訟に発展する恐れのある紛争の存在（一般取引、税務、労務、人事、保険、環境、衛生等に関する紛争を含む）

☐隠れた債務（undisclosed liability）の不存在

☐本契約に基づく株式の売買に関する仲介料、コミッション等の支払いの有無

〈買主側〉

☐買主法人の設立、権利能力、行為能力の存在（good standing）

☐本契約締結の権限

☐本契約およびこれに基づく売買の有効性

☐本契約に基づく売買に要求される許認可の取得

☐支払能力の存在

☐本契約に基づく株式の売買に関する仲介料、コミッション等の支払いの有無

⑤約束（covenants）

〈売主側〉

☐競業行為の禁止、取引の制限

☐クロージングまでの取引および経営の維持、継続

☐会社の役員、従業員等への特別賞与、手当の支払禁止

☐会社財産に重大な変更を及ぼす取引契約締結の禁止

☐資産譲渡、処分、担保設定の禁止

☐一定額以上の借入、投資、保証等の禁止

〈買主側〉

☐譲渡代金支払いのほか、買主として履行すべき義務の把握、その履行

⑥停止条件（conditions）

〈売主側〉

□ 表明と保証が真実でその内容に変更がないこと

□ 約束（covenants）が遵守されていること

□ 必要な許認可をうけていること

□ 本契約締結に必要な株主総会、取締役会の承認決議があること

□ 本契約締結日からクロージングまでの間に買主にとって不利益な変更がなされていないこと

□ 会社の資産譲渡につき担保権者・先買権者等、第三者の同意等を得ていること

□ 買主の各債務の履行がクロージング前になされていること

□ 買主の弁護士による会社の存在、本契約締結権限、会社の行為の適法性に関する意見書（opinion letter）の受領

〈買主側〉

□ 表明と保証が真実でその内容に変更がないこと

□ 約束（covenants）が遵守されていること

□ 必要な許認可をうけていること

□ 本契約締結および売買取引に必要な取締役会の承認決議があること

□ 売主の弁護士による会社の存在、本契約締結権限、会社の行為の適法性に関する意見書（opinion letter）の受領

⑦表明および保証ならびに約束の存続(representation and warranty)

□ 売主、買主双方の表明および保証責任ならびに約束は本契約に基づく株式譲渡後も存続していること。

⑧補償（indemnification）

□ 売主、買主それぞれが表明、保証、約束したことに反して損失、損害を被った場合に合理的な弁護士費用を含む損害を補償すること。およびその損害の補償期間、範囲、限度。

📄 **合弁契約書 ➡ ［文例 15］**

［文例 15］の「合弁契約書」（Joint Venture Agreement）は、日本のコ

ンピュータハードウェアおよび関連機器のメーカーが、タイ国でこれらの製品を販売店（distributor）となって販売し、その後ライセンス許諾をうけてライセンシー（licensee）としてこれらの製品を製造、販売してきたタイ法人と、さらに事業の拡張を企図して互いに資本を出し合い合弁会社を現地であるタイ国に設立することになったときに作成される契約書の例です。

　合弁（joint venture）というのは2つ以上の企業が共同で事業を営む形態をいいます。

　建設工事で見られるような共同企業体などのように、特に法人を設立することなく共同事業を遂行する場合もありますが、ここでは法人を設立して共同で所有し、それぞれの株主を代表する役員により共同で合弁会社（joint venture company）を経営する例を検討します。

　この合弁契約の多くは、合弁会社の一方、または双方の株主が当事者となって契約を締結することから株主間契約（Shareholders Agreement）というタイトルを用いることもあります。

チェックポイント

①設立会社の概要

　☐目的、商号

　☐本店所在地

　☐資本の額

　☐発行株式の種類、授権株式数、発行予定株式数、その他株式の発行事項

　☐出資比率

　☐役員（取締役等）の種類、員数、権限

　☐会計年度

　☐株主総会、取締役会等の機関の種類、構成

　☐株主総会、取締役会等の機関設計およびそれぞれの決議事項、決議要件

②株式取得の許認可

　□株式取得のために政府の許認可は必要か。

③株式の譲渡制限

　□株式を譲渡する場合に相手方に先買権（first refusal right）を与えるか。株式の評価は清算価値（liquidation value）か、継続的企業価値（going concern value）か、あるいはその他の方法によるか。

④新株引受権

　□持株数に応じた新株引受権（pre-emptive right）の付与。

⑤資金調達

　□会社に対する資金援助、調達の方法は？　保証の提供は？

⑥配当政策

　□会社における配当方針（dividend policy）は？

⑦競業禁止

　□合弁会社と競合する事業活動を禁止するか。

⑧デッドロック

　□株主総会、取締役会において決議が成立せずデッドロック（deadlock）の状況に陥ったときは、株主を相手方として自己の保有する株式の売却を申し出る方法をとるか。

⑨解散

　□合弁契約の解除に伴い、合弁会社（joint venture company）を解散（dissolution）させるか。

3 予備的合意書の法的拘束力

　契約当事者間で交渉を重ねる過程において、予備的あるいは暫定的に合意した内容を契約文書にする場合があることは前に述べました。

　特に契約締結にこぎつけるまで長期にわたり、多くの事項について慎重に協議を重ね、合意した事項を積み上げていって、正式契約（formal contract, definitive agreement）として署名に至るような場合について、予備的合意書をもって中間的に合意しておくことが要求される場合があります。

　この交渉段階での予備的合意書の名称として letter of intent（"LOI"）や memorandum of agreement（"MOA"）、memorandum of understanding（"MOU"）などがタイトルに用いられます。

　本書 [文例 4] では、"MEMORANDUM of UNDERSTANDING"「覚書」というタイトルを使っています。

　これらの予備的合意書にどこまで法的拘束力（binding effect）を認めるかは、具体的な文書上の文言もさることながら、これが作成された時間、場所、文書の様式、協議に参加した当事者、文書作成後の交渉の状況等種々の事情から判断されます。

　もしこの予備的合意書ではなく、あくまでも正式契約（formal contract）において法的拘束力を生じさせようとするのであれば、この正式契約締結に向けて誠意をもって（in good faith）、条件および条項について交渉することに努力する（exert best efforts in the negotiation）というような文言を入れておくのがよいでしょう。

　さらにこの予備的合意書に法的拘束力がないことをより明確にしておくためには、以下のような内容を盛り込めばよいでしょう。

予備的合意書に法的拘束力がないことを明確にする文例

It is understood that this letter is not intended to constitute a contract nor to create any legal obligation on either of us, but merely to express our present intention to enter into good faith negotiations leading to a formal contract reflecting the understandings stated in this letter.

「本合意書をもって正式契約とし、あるいは両当事者に何らかの法的義務を負わせるものではなく、本合意書で述べられた了解事項を反映させた正式契約に至る交渉を、誠意をもって行うという当事者の現在の意向を述べるものであることを了解する。」

4 契約締結の際に留意すべきこと

1 契約文書の発効

　契約の効力が発生するための要件として政府の許認可が必要な場合には、その許認可を得ることが停止条件（conditions precedent）となってはじめて契約が有効になる（effective）という条項が規定されます。

2 議事録

　契約を締結するためには、会社の取締役会（Board of Directors）の承認を必要とする取引もあります。

　この場合は、対象となる取引について会社として締結することを承認するという内容の取締役会議事録（Minutes of the Meeting of the Board of Directors）の原本の正写を入手しておくことが必要です。

　契約当事者である会社の代表権を有する者、例えば英国系の会社であれば Managing Director、米国系の会社であれば社長（President）とか、業務執行役員（Chief Executive Officer：CEO）などが署名者（signatory）になります。

　これらの代表者が署名した場合に、その当事者である会社の法律行為として会社に法的効果が生ずることになるので、議事録末尾の署名欄に肩書（title）を記入させて、その権限を確認するのが一般的です。

3 委任状

　大きな規模の会社では、その契約金額、取引の種類いかんによっては、必ずしも社長や業務執行役員が署名するとは限りません。

　例えば、業務執行副社長（Executive Vice President）が署名するような場合には、その者が会社を代表して契約文書に署名する権限が会社から授権されて（authorized）いるかどうか確認するために、別途会社の代表権者が、その署名者に署名権限を与えることを内容とする委任状（Power of Attorney）を提出してもらうとよいでしょう。

　こうした委任状は、間違いなくその代表権者本人が署名したことを公証人（notary public）に認証（notarize, authenticate）してもらい、公証人の認証証明書（notarial certificate）を付してもらえば、よりその真正が担保されることになります。

　アメリカの大会社や多国籍企業などでは、社内弁護士（in-house lawyer）や弁護士資格（および公証人資格）をもった執行役員を雇用していて、即座に認証された委任状を作成し、対応できるような態勢をとっている場合も見うけられます。

　これらの議事録（Minutes）や委任状（Power of Attorney）は、後日契約文書の成立あるいは効力について紛争が生ずるような事態に備え、署名済みの契約文書原本と一緒に保管しておくことに留意しましょう。

5 契約締結後の事情変更

1 追加合意文書

　当事者間で契約文書が締結され、効力が発生したあとに、契約期間満了に至るまで、何事もなく順調に当事者それぞれが契約に基づき履行していけば何も問題は生じないでしょう。

　しかしながら、**契約締結後に、新たに発生した事情により契約内容を追加して合意する必要が生じる場合**があります。

　このような場合に締結される追加合意書は、Addendum、Supplement、Supplement Agreement、Supplementary Agreement などのタイトルを用いて、既に締結された契約文書の追加合意であることを明記して、当事者の権限ある代表者の署名によって締結されます。

　本書の［文例1］は、［文例8］の「独占販売店契約書」（Exclusive Distributorship Agreement）に関連して、販売店（Distributor）が契約地域（territory）において使用するために登録したドメイン名を会社（Company）に譲渡すること、および販売店によるウェブサイトの開発、メンテナンスを販売店の責任と費用負担のもとに行わせることについて新たに追加して合意しておく必要が生じたことから、既に締結した独占販売店契約書の付属書（Addendum）として作成する文書になります。

2 修正合意文書

　先に述べた追加合意の他に、**締結した契約の内容を修正したり、変更したりする必要が生じ、このような修正、変更を反映した合意文書を作成する場合**を検討してみましょう。

　この場合、先に述べた Addendum や Supplement というタイトルのもとに修正すべき内容を条項として規定することもできます。

　しかしそれよりむしろ Amendment あるいは Amendment Agreement

というタイトルのもとに、当初締結した原契約（original contract）の条項のどの部分が修正、変更になったのかを明記して合意文書として別途締結しておくほうが実務上は一般的かもしれません。

　この場合、原契約の条項の修正前の内容と修正後の内容を対比して具体的に修正箇所を明記し、確認しておくことが重要となります。

　本書の［文例2］は、［文例13］の「ライセンス契約書」（License Agreement）に関連して、ライセンシー（Licensee）がライセンサー（Licensor）に支払うべきランニング・ロイヤルティ（running royalty）の料率を変更すること、ミニマム・ロイヤルティ（minimum royalty）額を増額すること、およびロイヤルティ支払関係書類の監査に関する費用の負担を変更することについて変更、修正が必要になったことから、既に締結したライセンス契約書の修正契約書（Amendment Agreement）として作成する文書になります。

　このような修正が何度も必要となる場合には、"First Amendment"（第一次修正）、"Second Amendment"（第二次修正）……と具体的に修正履歴を明記して順次修正合意書を作成、締結していくこともあります。

6 契約終了

1 期間更新の拒絶

契約を終了させる事由のひとつとして契約解除（termination）については、一般条項に関する Part IV. 1. 4（P.63）で説明しました。

契約は原則として契約期間（term）満了と同時に終了（expiry）します。しかし期間の更新（renewal）に関する条項、特に自動更新（automatic renewal）を規定している場合、期間満了前の一定の期日までに契約更新を拒絶する意思を相手方に伝える解除通知（termination notice）が必要です。

この通知には、解除すべき契約の締結日とタイトル、および解除通知の根拠となる規定を具体的に明示し、次のような内容とします。

本書の［**文例 10**］の「コンサルタント契約書」（Consulting Agreement）を更新しないで終了させる通知（Notice of Termination）の内容は次のようになります。

契約更新せず契約を終了させる通知の文例

We hereby terminate the Consulting Agreement dated May 1, 2018 in accordance with Article 8 thereof.

The termination shall be effective upon expiration of the current term of such Agreement.

「当社は 2018 年 5 月 1 日付コンサルタント契約第 8 条に基づき、同契約を終了させます。この終了は同契約の現在の期間満了をもって効力を生じるものとします。」

この通知は**配達証明付きの書留郵便で発送し、相手方に意思表示が到達した日を証明できるようにしておく必要があります**。契約に通知条項（Notice）がある場合は、その規定の要求する通知方法をとっておくことも必要となります。

2　契約解除通知

　契約の相手方に不履行があった場合、一定の事由（event of default）が生じたときは、催告なしに自動的に解除され、契約が終了するという解除規定について合意がある場合は、原則として通知は不要です。

　これに対して、相手方に契約違反（breach）があって契約を解除しようとするときに、債務不履行による解除条項に事前の催告が要求されている場合には、まず通知を発信して相手方に適切な履行の保証（assurance）を要求する催告書を送付することになります。

　このような催告書で履行を求めたにもかかわらず相手方が適切な保証を提供できなかった場合には、契約解除とみなす内容を解除通知（termination notice）に明記することが必要になります。

　上記の**[文例10]**の「コンサルタント契約書」（Consulting Agreement）の履行がなされないことを理由とする解除通知は次のような内容となります。

契約不履行による解除通知の文例

As of the date hereof, we hereby terminate the Consulting Agreement dated May 1, 2018 for the reason that you have not performed consulting service properly provided in Article 1 thereof.

「当社は、貴社が2018年5月1日付コンサルタント契約第1条に基づくコンサルティングサービスを適切に履行しないことを理由として、同契約を本日付で解除いたします。」

　この通知についても先に述べた通知書同様に配達証明付きの書留郵便によって発送し、また契約に通知条項（Notice）がある場合は、その条項に基づく通知方法によることが必要となります。

3　解除合意書

　契約の有効期間中に当事者の一方から、契約を取り巻く経済環境の大幅な変化などにより、契約を中途で終了したいとの申入れがなされる場合を想定しましょう。

　この場合、解除につながる契約不履行事由（event of default）がないので、あくまでも当事者間の協議を経たうえでの合意が必要となります。

　すなわち、契約締結にあたり、条件交渉の結果合意して契約文書を作成したように、契約解除にあたっても条件につき協議のうえ解除合意書を作成することになります。

　本書［文例3］は、［文例10］の「コンサルタント契約書」を、千代田がコンサルタントのユナイテッドに対し、解除合意日に5000米ドルを支払うことにより、契約期間中に合意解除し、この金銭の支払いがなされるほかには、相互に何らの債権、債務、責任を負わないという合意内容を解除合意書（Termination Agreement）として作成する文書となります。

PART

V

実 践 編

英文契約書文例

付属書から合弁契約書まで、全15文例を詳解します。掲載している文例の書式はそれぞれ異なりますが、いずれもよく扱われる形式なので、参考にしてください。

なお、本書における文例に登場する個人、法人、その氏名、名称、国籍、準拠法、登録上、事実上を問わず、住所、郵便番号（zip code）などはすべて架空のものであり、実際上あるいは実体上存在するものではないことをご了承ください。

ダウンロード

ADDENDUM TO EXCLUSIVE DISTRIBUTORSHIP AGREEMENT

THIS ADDENDUM TO EXCLUSIVE DISTRIBUTORSHIP AGREEMENT ("Addendum") is entered into as of 15 May, 2019 ("Effective Date"), by and between IJ & Co., Inc. ("Distributor"), and KL Corporation ("Company"), (collectively the "Parties") and is made with respect to the following facts and circumstances:

WHEREAS, the Parties executed the Exclusive Distributorship Agreement on 1 January, 2019 ("Agreement");

WHEREAS, Distributor registered the domain name .au ("Domain Name") on or about sale of computer hardware products ("Products") and has developed a website ("Website") relating thereto;

WHEREAS, pursuant to Article 14.1 of the Agreement, Distributor wishes to transfer ownership of the Domain Name to Company; and

WHEREAS, by this Addendum, the Parties wish to supplement the Agreement to the extent set forth herein.

NOW, THEREFORE, in consideration of the foregoing recitals, the covenants contained in this Addendum, and for other further, good and valuable consideration, the Parties agree as follows:

解説

この文例は、［文例8］「独占販売店契約書」(Exclusive Distributorship Agreement) に対応したものです。販売店が、販売地域において製品の販売活動を行う過程で開発してきたウェブサイトおよび登録したドメイン名に関する取扱いを定めるために、会社と販売店との間で追加的に取り決めた事項を文書にしたもので、これも当事者間の合意文書となります。

文例 1　対訳

独占販売店契約付属書

本独占販売店契約付属書（「付属書」）は、2019年5月15日（「発効日」）、IJ アンドカンパニーインク（「販売店」）と株式会社 KL コーポレーション（「会社」）（まとめて「両当事者」という）の間で、以下の事実および事情に関して締結される。

両当事者は 2019年1月1日独占販売店契約（「本契約」）を締結した。

販売店は、コンピュータハードウェア製品（「本件製品」）の販売に関するドメイン名 .au（「ドメイン名」）を登録、それに関連するウェブサイト（「ウェブサイト」）を開発してきた。

本契約 14.1 条に基づき、販売店は、ドメイン名の所有権を会社に移転することを希望している。

本付属書により、両当事者は、本付属書に定められた範囲内で本契約を追加することを希望している。

よって、上記事情、本付属書に含まれる約束と、その他の更なる有効かつ有価な約因に基づき、両当事者は次のとおり合意する。

1.   TRANSFER OF DOMAIN NAME

(a) Distributor agrees to take any and all steps necessary to effectuate the transfer of ownership of the Domain Name to Company within thirty (30) days from the Effective Date.

(b) In exchange for the foregoing, Company agrees to reimburse Distributor for the cost of registering and transferring ownership of the Domain Name to Company within ten (10) days from the date that the Domain Name is transferred to Company.

- Original registration fee: Australian Dollar 500

- Transfer cost: Australian Dollar 100

2.   DESIGN AND MAINTENANCE OF WEBSITE

(a) Distributor agrees to maintain and incur any and all costs associated with the development and maintenance of the Website.

(b) Distributor hereby covenants that the nature and quality of all advertising, marketing, promoting, and other materials, displayed on the Website shall not be less than the current standard of quality currently marketed and provided by Company in association with Products. Distributor shall not depart from the standard of quality established by this section in any material respect without Company's prior written consent.

1.　ドメイン名の移転
　①

　(a) 販売店は、会社へのドメイン名の所有権の移転を発効日から30日以内に実施するため、すべての手段を取ることに同意する。

　(b) 上記の定めと引き換えに、会社は、ドメイン名が会社に移転される日から10日以内に、会社へのドメイン名の所有権の登録・移転のコストを販売店に償還することに同意する。

　　○当初のドメイン登録料：　500豪ドル

　　○移転コスト：　100豪ドル

2.　ウェブサイトのデザインおよびメンテナンス

　(a) 販売店は、ウェブサイトの開発・メンテナンスに関連するすべてのコストを負担することに同意する。

　(b) 販売店は、ウェブサイトで表示されるすべての広告、マーケティング、
　②
販売促進およびその他の資料の性質および品質が、本件製品に関連して会社によって現在市場に出され、提供されている現行品質標準を下回らないことを約束する。販売店は、いかなる重要な点においても、会社の書面による事前同意なしに本項に定められた品質標準から逸脱しないものとする。

Point

①ドメイン名も製品の品質、性能等を保証する機能を有する一種の知的財産ということができ、会社がその権利を専有することを希望することから、会社にその登録が移転されるものです。

②ウェブサイトは、製品の品質、性能を表示、保証するだけでなく、メーカーである会社の事業内容、信用力にも影響を与えるものであることから、会社のウェブサイトの品質、基準を維持することを要求する必要があります。

3.   OTHER PROVISIONS

(a) If Distributor has breached the provisions of this Addendum, such breach shall constitute a breach under the Agreement, and, in addition thereto, Company reserves the right to immediately terminate the Website.

(b) The Parties acknowledge and agree that, except as expressly set forth herein, all terms and conditions of the Agreement shall remain in full force and effect.

ACKNOWLEDGED AND AGREED:
(agree to transfer the domain name .au to Company)

COMPANY: KL Corporation

By: _____
           Ichiro Jinbo
Title: President
Date: _____

DISTRIBUTOR: IJ & Co., Inc.

By: _____
           Kenneth Lemon
Title: Managing Director
Date: _____

3.　その他の規定

（a）販売店が本付属書の規定に違反した場合は、当該違反は、本契約に基づく違反を構成するものとし、それに加えて、会社は、ウェブサイトを直ちに終了する権利を留保する。

（b）両当事者は、本付属書に明示された場合を除き、本契約のすべての条項は有効に存続することを認め、これに同意する。

上記を承認し、かつ同意する：
（会社にドメイン名.au を移転することに同意する）

会社：　　株式会社 KL コーポレーション

（署名）　_____

氏名：　　神保　一郎
肩書：　　社長
日付：　　_____

販売店：IJ アンドカンパニーインク

（署名）　_____

氏名：　　ケネス　レモン
肩書：　　マネージング　ダイレクター
日付：　　_____

AMENDMENT AGREEMENT

This Agreement made and entered into this 15th day of October, 2023 by and between MNS Co., Ltd., a company duly organized and existing under the laws of Japan, having its principal business office at 5-5-5 Hongo, Bunkyo-ku, Tokyo 113-0011, Japan, (hereinafter referred to as "Licensor") and OPQ & Co., a company duly organized and existing under the laws of the State of Delaware, U.S.A., having its principal business office at 456 Madison Avenue, New York, NY 10000, U.S.A. (hereinafter referred to as "Licensee").

WITNESSETH THAT:

1. This Agreement constitutes an integral part to the ①LICENSE AGREEMENT dated October 15, 2020 executed between Licensor and Licensee (hereinafter referred to as "AGREEMENT").

2. The parties hereto agree to ②amend the certain provisions of AGREEMENT, as hereinafter set forth:
   (1) Article 6.2
      A running royalty of five percent (5%) is hereby amended by changing the percentage to seven percent (7%).
   (2) Article 6.3
      A minimum royalty of eight million (8,000,000) Japanese Yen is hereby amended to be read as ten million (10,000,000) Japanese Yen.

解 説

この文例は、[文例13]「ライセンス契約書」(License Agreement) に対応したものです。契約書で規定された内容について、変更、追加、修正が必要な事項が生じた場合に該当箇所についてのみ確認し、合意しておく場合に作成されます。

対 訳

修正契約書

日本法に基づき適法に設立され存続し、日本国〒113-0011 東京都文京区本郷 5-5-5 に主たる営業所を有する株式会社 MNS（以下「ライセンサー」という）とアメリカ合衆国デラウェア州法に基づき適法に設立され存続し、アメリカ合衆国ニューヨーク州 10000、ニューヨーク、マジソンアヴェニュー 456 に主たる営業所を有する OPQ アンドカンパニー（以下「ライセンシー」という）との間で 2023 年 10 月 15 日に本契約は締結され、以下のことを証する。

1. 本契約は、ライセンサーとライセンシーの間で 2020 年 10 月 15 日付_①で締結されたライセンス契約（以下「原契約」という）の重要な一部を構成する契約である。

2. 当事者は 原契約の条項を以下のとおり修正_②することに合意する。
   (1) 第 6.2 条
       5% のランニング・ロイヤルティは、その料率を 5% から 7% に修正するものとする。
   (2) 第 6.3 条
       800 万円の最低実施料（ロイヤルティ）額は、1000 万円に修正するものとする。

Point

①修正されるべき対象となる「原契約」（ここでは［文例 13］のライセンス契約書）を表示します。
②変更や修正は主に次のような方法で行われます。
　a）具体的な比率、数字、金額等のみを修正する場合は、修正前の比率等と修正後の比率等を明示する方法（文例の 2.（1）、（2）項の例）。
　b）具体的な条項そのものを修正箇所を含めて削除したうえで、新たな修正を反映した条項のみを明示して、置き換える方法（文例の 2.（3）項の例〈P.114〉）。
　c）具体的な条項の中で、修正箇所を含む文章と修正を反映した文章の両方を明示して修正する方法。

(3) Article 8.3

Article 8.3 of AGREEMENT shall be eliminated and replaced with as follows:

"8.3. Licensor may have such audit made by independent certified public accountant(s) designated by Licensor at its expense. Provided, if the difference of more than five percent (5%) is found between the amount of running royalty paid by Licensee in accordance with Article 6.2 hereof and the correct amount of running royalty payable to Licensor as the result of such audit, costs and expenses of such audit shall be borne by Licensee."

(4) The patent listed in Appendix 2 to AGREEMENT is all eliminated, and Appendix 3 attached hereto is substituted thereof.

3. ③Unless specifically amended herein, the terms and conditions of AGREEMENT shall remain unchanged and still executive during the effective term of AGREEMENT.

4. This Agreement shall become effective as of the day and year first above written.

IN WITNESS WHEREOF, each party hereto has caused these presents to be duly executed by its authorized representative as of the date first above written.

MNS Co., Ltd.   OPQ & Co.

By: Masaharu Nomura   By: Otto Powell
President & CEO   Executive Vice President

(3) 第8.3条

　　原契約第8.3条を削除し、以下に取って代わるものとする。

　　「8.3　ライセンサーは自らの費用負担でその指定する独立の公認会計士に上記の監査を行わせることができる。

　　但し、上記の監査の結果、第6.2条に基づきライセンシーが支払ったランニング・ロイヤルティの金額とライセンサーに支払われるべき正しいランニング・ロイヤルティの金額との間で5%以上の差額が生じたときは、上記監査に要した費用はライセンシーの負担とする。」

(4) 原契約付属書2に列挙された特許はすべて削除し、ここに添付される付属書3に取って代わるものとする。

3.　　本契約で修正された部分を除き、原契約の条項および条件に変更はなく、原契約の有効期間中、効力を有するものとする。
　　③

4.　本契約は冒頭記載の日をもって発効する。

上記の証として各当事者は権限のある代表者をもって、冒頭記載の日に本契約書に署名した。

株式会社MNS　　　　　　　　　　OPQ アンドカンパニー

（署名）　　　　　　　　　　　　　（署名）

野村正春　　　　　　　　　　　　オットー パウエル

業務執行社長　　　　　　　　　　業務執行副社長

Point

　d）別紙や付属書に記載された内容を変更するために、当該別紙や付属書を差し替える方法（文例の2.(4)項の例）。

③この修正契約において修正した部分のみが変更されるもので、他に修正、変更はなく、原契約の残る部分の条項は原文のまま効力を有することを、最後の部分で明記しておくことが必要です。

TERMINATION AGREEMENT

This Termination Agreement made and entered into this 30th day of September, 2019 by and between Chiyoda Printing Co., Ltd., a Japanese corporation having its principal office of business at 3-3-3 Sotokanda, Chiyoda-ku, Tokyo 105-0016, Japan (hereinafter called "Chiyoda"), and United Consultants, LLP, a limited liability partnership organized in New York having its principal office at 100 Park Avenue, Suite 30G, New York, NY 10016, U.S.A. (hereinafter called "United").

Witnesseth That:

Whereas, the parties hereto have entered into the Consulting Agreement dated May 1, 2018 (hereinafter referred to as "Consulting Agreement"); and

Whereas, the parties hereto desire to terminate the Consulting Agreement.

Now, therefore, in consideration of the premises and mutual covenants herein contained, the parties hereto hereby agree as follows:

Article 1 (① Full Payment Amount)

Chiyoda agrees to pay United a guaranteed payment of United States Dollars 5,000.- (US$5,000.-), payable upon execution hereof by remittance to the bank account designated by United (hereinafter referred to as "Full Payment Amount").

解説

この文例は、［文例10］の「コンサルタント契約書」(Consulting Agreement) を契約の期間中に当事者間の合意により、終了させる例で、当事者の一方が中途解約に伴い、相手方に解約金を支払うことが取り決められています。

他に契約終了の効果として、交付されている資料・データ等を返還するなどの義務が発生する場合には、これらの契約解除にあたっての具体的な義務内容を明記する必要があります。

対　訳

解除合意書

本解除合意書は、2019 年 9 月 30 日、日本国〒 105-0016 東京都千代田区外神田 3-3-3 に主たる事業本拠地を有する日本国法人千代田プリンティング株式会社（以下「千代田」という）とアメリカ合衆国 10016 ニューヨーク州ニューヨーク、パークアヴェニュー 100、30G に主たる本拠地を有するニューヨーク州法の下で組織されたパートナーシップ（組合）であるユナイテッドコンサルタンツ LLP（以下「ユナイテッド」という）との間で締結された。

前文

当事者は、2018 年 5 月 1 日付でコンサルタント契約（以下「コンサルタント契約」という）を締結した。

当事者はコンサルタント契約を解除することを希望している。

そこで本合意書中に定める頭書と相互の義務を約因として両当事者は次のとおり合意する。

第 1 条（①支払総額）

千代田はユナイテッドに対し、本合意書締結時に 5000 米ドルの保証金額（以下「支払総額」という）をユナイテッドが指定する銀行口座に送金する方法により支払うことに同意する。

Point

①中途解約に伴い支払われるべき解約金の金額、支払時期、支払方法を明記します。

Upon receipt of Full Payment Amount by United, Chiyoda shall have no further past, present and future obligations under the Consulting Agreement to make any payment to United, nor shall it have any further obligations under the Consulting Agreement.

Article 2 (Termination)

Upon receipt of Full Payment Amount, the parties hereby agree to terminate the Consulting Agreement.

The parties hereto acknowledge and agree that ② such termination and this Agreement shall become effective only after the execution of this Agreement and United's receipt in full of the Full Payment Amount.

Article 3 (③ Release)

Upon termination of the Consulting Agreement, both parties release and forever discharge each other from any action, claim, demand or liability arising out of or in connection with the Consulting Agreement or the termination thereof except for the obligation of Chiyoda to pay a consultant fee for consulting services provided by United on or before the date hereof.

Article 4 (Disclaimer of Liability)

Nothing in this Agreement or any related document shall be construed as an express or implied admittance or acknowledgment by any party of any liability to any other party or any other person, all such liability being expressly denied.

Article 5 (Survival Clauses)

This Agreement shall be subject to survival of those terms expressly identified as survival clauses in the Consulting Agreement.

ユナイテッドが支払総額を受領したことをもって、千代田はコンサルタント契約の下でユナイテッドに対して過去、現在および将来にわたり何らの追加支払その他何らの義務を負担することはないものとする。

第2条（解除）
当事者は支払総額の受領をもってコンサルタント契約を解除することに合意する。
当事者は ②かかる解除と本合意書は、本合意書に署名がなされ、かつユナイテッドが支払総額の全額を受領したときをもって有効になることを承認し、合意する。

第3条（ ③免責）
コンサルタント契約の解除をもって、両当事者は本合意書の日以前にユナイテッドが提供したコンサルティングサービスに対する千代田のコンサルタント料の支払義務を除き、コンサルタント契約もしくはその解除によって、あるいはこれに関連して生ずるすべての訴訟、請求、要求もしくは責任について相互に免除し、永久に義務を負わないものとする。

第4条（責任の放棄）
本合意書その他関連文書をもって、当事者の一方が他方当事者もしくは第三者に対して、明示であると黙示であるとを問わず、何らの責任を肯定し、もしくは承認するものと解釈されることはなく、このような責任が明確に否定されるものとする。

第5条（存続条項）
コンサルタント契約において存続条項として明示された条項は、本合意書においてもなお存続するものとする。

Point

②原契約解約の効力の発生時期を明記します。
③中途解約により、両当事者が原契約に基づき負担している義務および責任が消滅し、当事者相互が何らの債権債務を負担しないことを規定する必要があります。

In witness whereof, the parties hereto have executed this Agreement as of the date first above written.

Chiyoda Printing Co., Ltd.   United Consultants, LLP

_____   _____
By: Taro Nakanishi   By: Ursula Collins
Title: President   Title: Partner

上記の証拠として、当事者は冒頭記載の日に本合意書に署名した。

千代田プリンティング株式会社　　ユナイテッドコンサルタンツ LLP

（署名）＿＿＿＿＿＿＿＿＿＿＿　（署名）＿＿＿＿＿＿＿＿＿＿＿

中西太郎　　　　　　　　　　　アースラ コリンズ

肩書：社長　　　　　　　　　　肩書：パートナー

MEMORANDUM OF UNDERSTANDING

With respect to computer hardware equipment（system serial no. 123456, "Products"）to be purchased by CD INC.（"CD"）from AB Co., Ltd.（"AB"）, AB and CD understand that a formal agreement between them will be concluded by April 30, 2020, in accordance with the terms and conditions to be mutually agreed upon between them, and further understand that both of them shall exert their best efforts in the negotiation of such terms and conditions.

However, in order to secure the present costs incurred by AB for the manufacture of the Products and the scheduled time for delivery of the Products to CD, CD hereby ①asks AB to proceed with the manufacture of twenty（20）units of the Products as an trial order and AB agrees it.

AB and CD shall proceed to negotiate with each other in good faith on the terms and conditions of the formal agreement. Therefore, AB agrees not to negotiate, enter into or continue discussions with any other party, or provide information to any other party for transactions similar to the terms and conditions to be provided in the formal agreement until April 30, 2020.

解説

この文例は、当事者が商品の売買について正式な売買契約を締結する前の段階で、特に当事者の一方が商品の製造もしくは製造準備のための費用を先行して負担しなければならないような場合に、試験的に商品の製造を進めるという義務を他方当事者に負担させる内容の予備的合意文書です。
正式な売買契約成立後に商品の発注、商品の製造、代金の支払いという具体的な権利義務が発生する以前の予備的な契約準備段階で合意しておくべき事項をとりまとめるものです。

文例
4

対 訳

覚 書

CDインク（「CD」）が株式会社ABカンパニー（「AB」）から購入するコンピュータハードウェア機器（システム シリアル ナンバー123456番、「商品」）に関して、ABとCDは、両者が相互に合意した条項および条件に従って、2020年4月30日までに正式契約が締結されるものと理解しており、さらに両当事者はこのような条項および条件についての交渉に最善の努力を払うものであることを了解する。

しかしながらABが現在負担している商品の製造費用を確保し、かつCDに対する商品の引渡予定期限を確保するために、CDはここに本覚書をもって試験的注文として商品20ユニット分の　製造を進めるようにABに対して依頼し、①
ABはこれに同意する。

ABとCDは正式契約の諸条件について誠実に相互に交渉を行うものとする。従ってABは2020年4月30日までは正式契約の諸条件と類似の取引のため第三者と交渉したり、協議に入り、もしくは継続したり情報を提供したりしないものとする。

Point

①ここでは place order（注文する）という直接的な表現を避けて、「製造を進めることを依頼する」という表現にしています。

In this connection, CD hereby agrees and confirms that in case a formal agreement for the Products should not be concluded between AB and CD by April 30, 2020 or by such other extended date mutually agreed upon between them, CD shall (2) indemnify and reimburse AB in such manner as designated by AB (3) for any costs and expenses actually incurred by AB in the manufacture or the arrangements for the manufacture of the Products under the request of CD as stated above.

AB and CD shall maintain in strict confidence all business and technical information disclosed each other under this Memorandum.

Unless otherwise expressly provided herein, both AB and CD (4) shall not be legally bound by this Memorandum each other.

In witness whereof, AB and CD have caused this MEMORANDUM OF UNDERSTADING to be executed in duplicate on February 15, 2020 in Los Angeles, California, U.S.A.

これに関して 2020 年 4 月 30 日または両者相互に合意したその他の延期された日までに AB と CD の間で商品に関する正式契約が締結されなかったときは、CD は AB が上記のとおり CD の依頼に基づき 商品の製造もしくは製造の準備③ に費やした実費から AB を 免責し②、かつこの実費を AB の指定する方法により AB に対して償還して支払うことに同意し、確認する。

AB と CD は本覚書の下で相互に開示されたすべての事業上および技術上の情報を、厳に秘密として保持しなければならない。

本覚書に明確に規定されている場合を除き、AB および CD の両者は 互いに本④ 覚書に法的に拘束されるものではない。

上記の証として AB および CD は、2020 年 2 月 15 日にアメリカ合衆国カリフォルニア州ロサンゼルスにて本覚書 2 通を締結した。

文例4 覚書

Point

②予備的合意の段階なので、当事者を免責する、すなわち補償し、義務を負わせないことを明記する必要があります。

③免責の具体的内容として、製造にかかった実費のみの負担であることを明記しています。

④これは予備的合意であり、後日正式契約において当事者の権利義務を規定することになるため、この覚書では、合意された内容以外に当事者が相互に法的に拘束されないことを明記する必要があります。

AB Co., Ltd.

_____

Name: Akio Bitoh
Title: President

CD INC.

_____

Name: Conan Doyle
Title: President

株式会社 AB カンパニー

（署名）

氏名：尾藤昭男

肩書：社長

CD インク

（署名）

氏名：コナン ドイル

肩書：社長

［**Letterhead of AB Co., Ltd.**］

Date: March 15, 2020

SECRECY AGREEMENT

CD INC.
2000 Wilshire Blvd.,
Los Angeles, CA 90017
U.S.A.
Attention: Mr. Conan Doyle
            President

Dear Mr. Doyle:

We, AB Co., Ltd.（hereafter referred to as "AB"）has certain technology
（hereafter referred to as "Technology"）potentially useful in the area of
computer hardware products and systems which involves ①certain
information（including trade secrets, know-how, techniques, research and
development data and specifications）of a character regarded by AB as
confidential.

解 説

この文例は、後日製品について売買あるいはライセンス生産する可能性があ
る場合を想定して、製品のメーカーが製造技術やノウハウなど一定の秘密情
報を開示する必要が生じた場合に、開示者であるメーカー側から相手方に出
されるものです。レター形式で秘密保持義務を負うことについて同意を求め、
相手方がこのレターに署名することをもって合意を成立させるレター・アグ
リーメント（letter agreement）の形式によるものです。

文例 5　対　訳

［株式会社 AB カンパニーのレターヘッド］

日付：2020 年 3 月 15 日

秘密保持契約書

アメリカ合衆国カリフォルニア州 90017

ロサンゼルス、ウィルシャーブルバード 2000

CD インク

社長　コナン ドイル殿

拝啓

当社株式会社 AB カンパニー（以下「AB」という）は、コンピュータハードウェア製品およびシステムの分野で将来性のある一定の技術（以下「技術」という）を有しており、AB によって秘密とみなされている性格を持った ①一定の情報（商売上の秘密、ノウハウ、技術、研究および開発データならびに仕様書を含む）を含むものであります。

Point

①この契約文書で最も重要なのは「秘密情報」の内容、種類、情報が含まれる媒体等をできる限り詳細に規定することです。

As a result of our discussion, AB has agreed to provide your company, CD INC. (hereafter referred to as "CD") with such information including results of experiments currently performed at AB (hereafter referred to as "Confidential Information"). Any AB's submissions or disclosures of Confidential Information to CD shall be subject to the following terms and conditions:

1. Confidential Information shall include all such information pertaining to Technology disclosed to CD, including, without limitation, any information obtained by CD through an inspection or examination of any sample or device included within said Technology; ₂ excluding, however, such information which:

   a) is at the time of disclosure, or thereafter becomes, a part of the public domain through no act or omission by CD; or

   b) had been independently obtained by CD or was otherwise in CD's possession prior to disclosure, as proved by written record; or

   c) is hereafter lawfully disclosed to CD by any third party which did not acquire the information under an obligation of confidentiality from or through AB.

2. CD shall hold Confidential Information in strict confidence and shall not disclose the same to third parties or use for commercial purposes without the prior written consent of AB ₃ for a period of five (5) years from the date hereof.

3. CD agrees that all tangible information, including, without limitation, drawings, designs, specifications, flowsheets, sketches, descriptions, data, samples and other tangible material pertaining to said Confidential Information shall remain the property of AB. Upon request of AB at any time, CD shall promptly return all such tangible information, and all copies thereof, to AB at CD's costs.

検討した結果、AB は、貴社 CD インク（以下「CD」という）に対して、現在
AB において実施されている実験の結果を含めて、この情報（以下「秘密情報」
という）を提供することに同意いたしました。AB の秘密情報の CD に対する提
供や開示は、すべて以下の諸条件に従うものといたします。

1. 秘密情報は、CD に開示された前述の技術の範囲内に含まれているあらゆるサン
プルや発明物の検査もしくは調査を通じて CD が得たどのような情報をも含みま
すが、これに限定されないすべての情報とします。<u>但し次の情報は含みません。</u>②

　　a）開示の時点で、もしくはその後に CD の作為や不作為によらずに、公知
　　の一部となっているか、公知となるもの、または

　　b）開示前に CD が独自に取得していたもの、もしくは CD の所有に帰属し
　　ていたもので、文書記録をもって証明可能なもの、または

　　c）今後合法的に CD に対して第三者によって開示されるもので、その第三
　　者が AB からか、もしくは AB を通じて、秘密保持義務のもとでその情報
　　を得たものではないもの。

2. CD は、秘密情報を厳重に秘匿し、<u>この契約日から 5 年の期間</u>③、AB の事前
の文書による同意なくして、これを第三者に開示せず、または商業的目的に使
用することはできません。

3. CD は、前述した秘密情報に関連する図面、デザイン、仕様書、フローシート、
スケッチ、描写、データ、サンプルおよびその他の有形の資料を含むが、これ
に限らないすべての有形の情報が AB の所有に帰属すべきことに同意いたしま
す。AB の要求があれば、いつでも CD はこれらのすべての有形の情報および
そのコピーを CD の費用で速やかに AB に返却するものとします。

Point

② public domain（公知の事実）をはじめとして秘密保持義務が課されない除外例を列記
するのが一般的です。
③この契約締結後 5 年間は秘密保持義務を存続させることを明記します。

4. CD acknowledges and agrees that in the event of a breach or threatened breach of any of the provisions of this Agreement, AB shall be entitled to enforce any such provision by temporary or permanent <u>injunctive or mandatory relief</u> obtained in any court of competent jurisdiction. (4)

5. Nothing in this Agreement shall be construed to establish or require the establishment of a contract or arrangement for research or product development between the parties hereto or any transfer, license, or sale of Technology by AB to CD.

6. This Agreement shall be governed by and interpreted in accordance with the laws of Japan.

If this Agreement is acceptable to you, please have both copies signed by you and return one copy to us at your earliest convenience.

Very truly yours,

AB Co., Ltd.

_____
By: Akio Bitoh
     President

                      Agreed to and Accepted:
                      30th day of March, 2020
                      CD INC.

                      _____
                      By: Conan Doyle
                         President

4. CD は、この契約のいずれかの規定に違反したり、または違反の恐れがある
ときには、AB が裁判管轄権を持つどの裁判所において得た、一時的もしくは
永久の 差止命令や救済命令によってでも、いかなる規定をも強制させること
　　　④
のできる権限を持っているものであることを承認し、かつ同意します。

5. この契約をもって当事者間の調査研究と製品開発のため、または AB より CD
に対して何らかの技術の移転、ライセンスもしくは売却のために約定もしくは取
決めをしたり、もしくはこれを要求していると解釈されるものではありません。

6. この契約は日本法によって支配され、かつ準拠して解釈されます。

もしこの契約が貴社にとって受諾できるものである場合には、貴殿において、
本契約書 2 通に署名していただき、うち 1 通を、できる限り速やかに当社にご
返送ください。

敬具

株式会社 AB カンパニー

（署名）＿＿＿＿＿＿＿＿＿＿
尾藤昭男
社長

上記に同意し受諾いたします。
2020 年 3 月 30 日
CD インク

（署名）＿＿＿＿＿＿＿＿＿＿
コナン ドイル
社長

Point

④秘密保持義務違反があった場合、開示者は回復し難い損害を被ることになるので、金銭
　的な損害賠償にとどまらず、違反行為の差止等の救済手段を与えることが合意されます。

CONFIDENTIALITY AGREEMENT

This Confidentiality Agreement is made and entered into this 1st day of August, 2020 by and between:

Union Venture Corporation, a Dutch corporation, having its principal office at 1234 NS Rotterdam, The Netherlands ("UVC")
and
Messrs. Taro Wako and Jiro Wako, Japanese citizens, having their residence at 7-8-9 Roppongi, Minato-ku, Tokyo 108-0012, Japan ("ASSIGNORS").

WITNESSETH:

Whereas, ASSIGNORS are contemplating the transfer or disposition of all shares of Wako Medical Appliance Co., Ltd. ("Wako"), a Japanese corporation, having its principal office at 7-7-7 Hiroo, Shibuya-ku, Tokyo 150-0011, Japan held by ASSIGNORS (hereinafter Wako and ASSIGNORS collectively referred to as "Wakos") by sale or other means (the transfer or disposition of the shares being referred to herein as the "Transaction"); and

Whereas, both UVC and Wakos are interested in exploring a business agreement including the Transaction.

解説

この文例は、[文例5]のレター・アグリーメント（letter agreement）による形式でなく、正式な契約文書の形式により、メーカーの株主である兄弟がその保有する株式の買収（Merger and Acquisition：M&A）の交渉にあたり、買収側当事者に対して秘密情報の保持を求める場合にその内容、条件につき合意する文書です。

文例

6　対　訳

秘密保持契約書

オランダ国ロッテルダム NS1234 に本店を有するオランダ国法人ユニオンベンチャーコーポレーション（以下「UVC」という）と、日本国〒108-0012 東京都港区六本木 7-8-9 に居住する日本国民である和光太郎および和光次郎（以下「譲渡人」という）は、2020 年 8 月 1 日に本秘密保持契約を締結します。

譲渡人は、その保有する日本国〒150-0011 東京都渋谷区広尾 7-7-7 に本店を有する日本国法人の和光医療機器株式会社（以下「和光」といい、譲渡人と併せて「和光ら」と総称する）の株式すべての譲渡もしくは処分（以下「本件取引」という）を売却その他の方法をもって行うことを企図しています。

UVC および和光らは、本件取引を含む事業取引を展開することに興味をもっています。

Article 1. (Confidential Information)

1.1. "① Confidential Information" shall mean (i) all information regarding Wakos (including subsidiaries and affiliates of Wako) or the Transaction, whether in oral, written, electronic or any other way of disclosure or whatever kind and in whatever form in which the information is kept, which is disclosed by Wakos or Wakos' Advisors (hereinafter Wakos and Wakos' Advisors collectively may be referred to as "Disclosing Party") to UVC or UVC's ② Advisors (as used herein, "Advisors" for either party include, without limitation, financial advisors, attorneys, accountants and tax accountants), (ii) all reference materials that UVC and its Advisors create or produce based on such information, and (iii) the existence or content of this Agreement or any other documents entered into with or submitted by the Disclosing Party in connection with the Transaction, the existence or content of the Transaction, and the existence or content of considerations, mutual consultations or negotiations concerning the Transaction.

1.2. Notwithstanding the preceding paragraph, Confidential Information shall not include the following:

(1) Information that UVC may reasonably prove to have already been in its possession prior to the time of disclosure by the Disclosing Party to UVC or its Advisors;

第1条（秘密情報）

1.1.　本契約において「秘密情報」とは、(i) 和光ら（和光の子会社およ
び関連会社を含む）または和光らのアドバイザー（各当事者のための
フィナンシャル・アドバイザー、弁護士、会計士および税理士を含み
ますが、これらに限らない者を以下本契約中において「アドバイザー」
といい、和光らと和光らのアドバイザーを総称して、以下「開示者」
という）から UVC または UVC のアドバイザーに対して開示された、
和光らまたは本件取引に関連する一切の情報（口頭、書面、電子デー
タ等その開示の方法および情報の種類や形態を問わない）、(ii) かかる
情報に基づき UVC または UVC のアドバイザーが創作または制作し
た資料ならびに (iii) 本契約その他本件取引に関し開示者との間で締結
しまたは開示者が差し入れた書面の存在および内容、本件取引の存在
および内容、および、本件取引に関する検討、相互の協議または交渉
が行われているまたは行われたという事実および内容をいいます。

1.2.　前項にかかわらず、秘密情報には、次の各号のいずれかに該当する
情報は含まれないものとします。

（1）　UVC または UVC のアドバイザーが開示者から開示を受ける前
から UVC が既に保有していたことにつき UVC が合理的に証する
ことができる情報

Point

①本契約締結の目的は、買収の対象となる株式を発行する株式会社の資産価値を評価する
にあたり必要な情報の秘密保持です。ここでは取引上、財務上、技術上、営業上など、
さまざまな情報の内容、範囲、情報媒体などについてなるべく詳細に列挙することが必
要となります。

②秘密情報の開示の人的範囲として、ここでは買収にあたっての資産評価を専門とする会
計士、税理士、弁護士、コンサルタントについても情報がいきわたるようにさせること
が必要です。

(2) Information that was in the public domain at the time of disclosure by the Disclosing Party to UVC or its Advisors;

(3) Information that was available in the public domain after the time of disclosure by the Disclosing Party to UVC or its Advisors due to no fault of UVC; and

(4) Information that UVC may reasonably prove to have been disclosed to UVC or its Advisers without any confidentiality obligation from, as far as UVC is aware as a result of an appropriate investigation, a person whose disclosure of information to UVC or its Advisors would not comprise a breach of obligation under applicable law or agreements owed to the Disclosing Party after the time of disclosure by the Disclosing Party to UVC or its Advisors.

Article 2. (Confidentiality)

UVC agrees to keep all Confidential Information in strict confidence and to only use it for the purpose including the evaluation of the Transaction and not to disclose or divulge it without the prior written consent of the ASSIGNORS.

Article 3. (Exceptions to the Non-Disclosure)

3.1. Notwithstanding the preceding article, UVC may reveal, but only to the minimal extent necessary, the Confidential Information to UVC's officers, employees or Advisors (i) who need to know the Confidential Information for the purpose of evaluating the Transaction, (ii) who are informed by UVC of the confidential nature of the Confidential Information, and (iii) who agree to act in accordance with the terms of this Agreement. UVC will cause its officers, employees or Advisors to observe the terms of this Agreement, and UVC will be fully responsible for any breach of the terms of this Agreement by UVC, its officers, employees or Advisors.

(2)　UVC または UVC のアドバイザーが開示者から開示を受ける時点で公知である情報

(3)　UVC または UVC のアドバイザーが開示者から開示を受けた後、UVC の責めに帰すべき事由によらず公知となった情報

(4)　UVC または UVC のアドバイザーが開示者から開示を受けた後、UVC が相当の調査を経た上で知り得る限りにおいて、当該情報を UVC または UVC のアドバイザーに開示することが法律上または契約上の開示者に対する義務に違反しない情報源から、秘密保持義務の負担なく入手したことを UVC が合理的に証することができる情報

第2条（秘密保持）

　UVC は、秘密情報について厳に機密を保持し、秘密情報を本件取引の検討以外の目的に一切使用せず、また、譲渡人の事前の書面による同意を得た場合を除き、秘密情報を第三者に開示または漏洩しないものとします。

第3条（非開示に関する例外）

3.1.　前条にかかわらず、UVC は、UVC の役員もしくは従業員または UVC のアドバイザーであって、(i) 本件取引の検討のために秘密情報を知る必要があり、(ii) 秘密情報の秘密性を UVC から告知されており、かつ (iii) 本契約の条項に従い行動することに合意した者に対しては、秘密情報を必要とする最小限度の範囲において開示することができるものとします。UVC は、UVC の役員もしくは従業員または UVC のアドバイザーをして、本契約の条項を遵守せしめ、かつ、UVC、UVC の役員もしくは従業員または UVC のアドバイザーが本契約の条項に違反した場合、UVC は一切の責任を負うものとします。

文例6　秘密保持契約書

3.2. In the event UVC discloses the Confidential Information to any third party, after the prior written consent of the ASSIGNORS, UVC will cause such third party to agree in writing to owe to the ASSIGNORS and Wako confidentiality obligation equivalent to that of this Agreement, and UVC will reimburse the Disclosing Party for all losses, liabilities, damages, costs or expenses (including, without limitation, legal fees and expenses) incurred and arising out of or in connection with any breach of such obligation by such third party except for indirect, incidental, consequential, special or punitive damages or lost profits.

3.3. Notwithstanding the preceding article, in the event that UVC is requested pursuant to, or required by, applicable laws, regulations or orders of the court or an administrative government agency to disclose any of the Confidential Information, UVC will notify the ASSIGNORS promptly in writing so that the ASSIGNORS may seek injunctive relief or other appropriate remedies.

Article 4. (③ Returning or Destroying of Confidential Information)

If UVC determines not to proceed with the Transaction, UVC will promptly inform ASSIGNORS of such decision in writing. In that case, or at any time upon the request of the Disclosing Party, UVC will either (i) promptly destroy all original (s) and copies of the materials including or containing any Confidential Information that is in the possession of UVC, its officers, employees or Advisors except (ii) of Article 1.1., and confirm such destruction to the ASSIGNORS in writing, or (ii) promptly return to the ASSIGNORS at its own expense all original (s) and copies of the materials including or containing any Confidential Information that is in the possession of UVC, its officers, employees or Advisors, except (ii) of Article 1.1. UVC confirms that UVC will not be exempted from any and all obligations under this Agreement irrespective of the returning or destroying of the Confidential Information.

3.2. UVC は、譲渡人の事前の書面による同意を得て第三者に秘密情報を開示する場合には、当該第三者をして、本契約と同内容の秘密保持義務を負う旨を譲渡人および和光に対して書面により誓約させるものとし、UVC は、当該第三者のかかる義務の違反に起因しまたは関連して生じる間接的、偶発的、結果的、特別もしくは懲罰的損害あるいは逸失利益を除いたあらゆる損失、責任、損害、費用または支出（弁護士の報酬および費用を含むが、これらに限らない）について、開示者を補償するものとします。

3.3. 前条にかかわらず、UVC は、適用される法令、規則または裁判所もしくは行政庁の命令により、秘密情報の開示が要求されまたは命令された場合には、直ちに譲渡人に書面により通知することにより、譲渡人が差止請求その他の適切な救済を求めることができるようにするものとします。

第 4 条（ 秘密情報の返還または破棄）
③

　UVC が本件取引に関する手続を進めないことを決定した場合、UVC は譲渡人に対し、その決定を直ちに書面で通知するものとします。その場合または開示者から請求を受けたときは、いつでも UVC は、(i) UVC、UVC の役員もしくは従業員または UVC のアドバイザーが所持する、第 1 条 1.1.(ii) を除く秘密情報を含む資料の原本およびその写しすべてを速やかに破棄し、破棄した旨を譲渡人に対し書面で確認するか、または (ii) UVC、UVC の役員もしくは従業員または UVC のアドバイザーが所持する、第 1 条 1.1.(ii) を除く秘密情報を含む資料の原本およびその写しすべてを、UVC の費用負担で、速やかに譲渡人に返還するものとします。UVC は、秘密情報を返還または破棄した場合にも、本契約に基づく一切の義務は免除されないことを確認します。

Point

③買収にかかる取引を実行しないことが明確になったときは、開示された秘密情報および媒体を返還することになります。文書、CD 等の媒体については、ナンバリングをして厳重に管理させていた写しを含め全部が回収されます。

Article 5. (Prohibited Activities)

5.1. UVC agrees that, for a period of three (3) years from the date of this Agreement, UVC and its related companies will not, directly or indirectly, solicit for employment or otherwise seek influence, or hire any officer or employee of Wako (including subsidiaries and affiliates of Wako) with whom UVC has had contact or who became known to UVC in connection with UVC's consideration of the Transaction.

5.2. UVC agrees that UVC and its related companies shall not, directly or indirectly, engage in any act that will prevent Wakos from achieving the execution of the Transaction for three (3) years from the date of this Agreement or until the termination of the Transaction, whichever is earlier.

Article 6. (Respect for the Disclosing Party's Decisions)

6.1. UVC agrees that, except with the prior written consent of the ASSIGNORS, UVC ④ will not directly contact any officer or employee of Wako (including subsidiaries and affiliates of Wako) and will not request (i) contact regarding the Transaction, or (ii) provision of additional information and visits to relevant facilities or interviews with management.

第5条（禁止行為）

5.1.　UVC は、本契約の日付から3年間、UVC が本件取引を検討するに際し接触を持ちまたは知るに至った和光（和光の子会社および関連会社を含む）の役員または従業員に対して、UVC およびその関連会社において、直接的にも間接的にも、雇用の勧誘その他一切の利益誘導行為を行わないことに同意します。

5.2.　UVC は、UVC およびその関連会社において本契約の日付から3年間または本件取引が終了するまでの期間のうちのいずれか短い期間、直接的にも間接的にも、和光らによる本件取引の円滑な遂行の妨げとなる一切の行為を行わないものとします。

第6条（開示者の決定権の尊重等）

6.1.　UVC は、譲渡人の事前の書面による同意を得た場合を除き、和光（和光の子会社および関連会社を含む）の 役員または従業員に対して、④ 直接接触しないものとし、(i) 本件取引に関する連絡、または (ii) 追加情報の提供、施設の見学もしくは経営陣との面談の要求をしないことに同意します。

Point

④買収のための監査が秘密裡に行われるべき M&A においては、役員や従業員に接触したり、問い合わせたりして、その監査目的が明らかにならないよう慎重に監査を進めることが要求されます。

6.2. UVC acknowledges and agrees that (i) the Disclosing Party may conduct the process for completing the Transaction with a third party in such way as the Disclosing Party, in its sole discretion, determines without any prior notification to UVC or any other party (including, without limitation, proceeding with negotiations and entering into a provisional or final agreement, a confidentiality agreement, letter of intent or memorandum regarding the Transaction with any third party); (ii) the ASSIGNORS retain the right to, at its sole discretion and without any prior notification to UVC or any other party, change or cancel its consideration of the Transaction at any time, refuse some or all of its proposals regarding the Transaction or terminate consultations or negotiations with UVC at any time regardless of the reason therefore; and (iii) the Disclosing Party will not have any liability under this Agreement in relation to completing the Transaction with a third party without further disclosure to UVC. In addition, UVC shall bear all expenses incurred in connection with the Transaction under this Agreement.

Article 7. (⑤ Accuracy of Information)

UVC acknowledges that Disclosing Party does not make any express or implied representation or warranty as to the truthfulness, accuracy or completeness of the Confidential Information, and that the Disclosing Party will not have any liability relating to any errors in the Confidential Information or omissions therefrom.

6.2.　UVC は、(i) 開示者が、UVC およびその他の何人に対しても事前の通知を要せずに、その独自の判断で決定したところに従い、第三者との間で本件取引の実行に至る手続を自由に進めることができること（いかなる第三者との間でも本件取引に係る交渉を行い、暫定的合意書または最終契約書、秘密保持契約書、趣意書および覚書を締結することにより手続を進めることを含むが、これらに限らない）、(ii) 譲渡人が、その独自の判断で、UVC およびその他の何人に対する事前の通知を要せずに、何時にても本件取引についての譲渡人における検討の手続を変更しまたは中止し、UVC が本件取引に関して行った提案の一部または全部を拒絶し、また、UVC との協議および交渉を何時にても理由のいかんを問わず終了させることのできる権利を保有すること、ならびに、(iii) 開示者が UVC にこれ以上開示することなく第三者との間で本件取引を完了させることに関して一切責任を負わないことを了解し、かつ、合意します。また、UVC は、本件取引に要した自らの費用をすべて負担します。

第 7 条（ 情報の正確性）
　　　　　　⑤

　　UVC は、開示者が、秘密情報の真実性、正確性および完全性について、いかなる意味においても、また明示的であると黙示的であるとを問わず、何ら表明および保証を行うものではないこと、秘密情報に含まれるいかなる誤謬もしくは秘密情報の遺漏に関しても、一切責任を負わないことを了解します。

Point

⑤秘密情報の開示にあたっては、開示された情報を信頼した相手方に後日その信頼に基づいて行動したことにより被った損害等について責任を追及されるのを防ぐため、秘密情報の正確性について責任を負わない旨を規定するのが一般的です。

Article 8. (Remedies)

UVC acknowledges that remedies at law may be inadequate to protect the Disclosing Party against any actual or threatened breach of this Agreement by UVC, its officers, employees or Advisors, and without prejudice to any other rights and remedies otherwise available to the Disclosing Party and proving actual damages incurred, Disclosing Party may be entitled to injunctive relief and other similar remedies for such breach of this Agreement.

Article 9. (Effective Period)

The effective period of this Agreement shall be five (5) years commencing on the date of this Agreement.

Article 10. (Governing Law and Dispute Resolution)

This Agreement will be governed by and construed in accordance with the laws of Japan. UVC agrees that any and all disputes arising from or in connection with this Agreement shall be subject to the exclusive jurisdiction of the Tokyo District Court as the court of first instance.

第8条（救済方法）

　UVC は、UVC、UVC の役員もしくは従業員または UVC のアドバイザーによる本契約の違反またはそのおそれから開示者を保護するためには法律上規定されている救済方法が不十分であるおそれがあることを了解し、かつ開示者に与えられているその他一切の権利および救済方法を損なうことなく、また現実の損害の立証なくして、開示者のために差止めの裁判による救済その他類似の救済が与えられることに合意します。

第9条（有効期間）

　本契約の有効期間は、本契約の日付から5年間とします。

第10条（準拠法および紛争解決）

　本契約は、日本法に準拠し、日本法に従って解釈されるものとします。UVC は、本契約に起因しまたは関連して生じる一切の紛争については、東京地方裁判所を第一審の専属的合意管轄裁判所として裁判により解決することに同意します。

In witness whereof, the parties hereto have caused this Agreement to be signed as of the date first above written.

Union Venture Corporation

_____

By: Ursula van der Vorm
Executive Vice President

_____

By: Taro Wako

_____

By: Jiro Wako

以上を証するために、各当事者は冒頭記載の日をもって本契約書に署名します。

ユニオンベンチャーコーポレーション

（署名）_____
アースラ ヴァン デル ヴォーム
業務執行副社長

（署名）_____
和光　太郎

（署名）_____
和光　次郎

BASIC SALES AGREEMENT

THIS AGREEMENT, made and entered into this 1st day of April, 2020 by and between:

E&F Co., Ltd., a corporation duly organized and existing under the laws of Japan and having its principal place of business at 4-5-6 Hakusan, Bunkyo-ku, Tokyo 112-0011, Japan (hereinafter referred to as "Seller"),

and:

GHI Corporation, a corporation duly organized and existing under the laws of Korea and having its principal place of business at 2nd Fl., Lotte Bldg., 12-3 Seocho-Dong, Seocho-ku, Seoul, Korea (hereinafter referred to as "Buyer").

WITNESSETH THAT:

WHEREAS, Seller is engaged in the business, among other things, of manufacturing, exporting and selling products as defined hereinafter; and

WHEREAS, Buyer desired to import continuously from Seller from time to time based upon Individual Contracts (as defined below) and to sell said products to Buyer's customers in Korea.

NOW, THEREFORE, in consideration of the mutual covenants and agreements herein contained, the parties hereto agree as follows:

解説

この文例は、日本のメーカーが、自社が製造する一般的な商品についてプロフォーマインボイス (pro forma invoice)（見積り送り状）により予め商品の種類、仕様、価格、納期等について確認し、それに基づいて韓国の会社に輸出する際の標準的な書式です。個々の売買については買主の注文書に対して売主が注文請書を発行し、これと共にインボイス (invoice：送り状)、パッキングリスト (packing list：梱包明細書)、船荷証券 (bill of lading：B/L) 等の船積関係書類が作成されて取引が行われることになります。

対 訳

売買基本契約書

本契約は、日本法に基づいて正当に設立され現存する法人で、その主たる事務所を日本国〒112-0011 東京都文京区白山 4-5-6 に有する株式会社イーアンドエフカンパニー（以下「売主」と称する）と、韓国法に基づいて正当に設立され現存する法人で、その主たる事務所を韓国ソウル特別市瑞草区瑞草洞 12-3、ロッテビル 2 階に有するジー・エイチ・アイコーポレーション（以下「買主」と称する）との間で 2020 年 4 月 1 日に締結され、以下のことを証する。

売主は以下本契約中に定義される商品の製造、輸出、販売の事業を中心に従事しており、他方買主は継続的に売主から適宜締結する個別契約（以下に定義する）に基づき上記商品を輸入し、韓国において顧客に販売することを希望している。

よって本契約に含まれた相互の誓約および合意を約因として、本契約の当事者は次のとおり合意する。

Article 1. Purpose

1. Buyer agrees to buy and Seller agrees to sell the products to be specified
   in each ① pro forma invoice (hereinafter referred to as "Products").
2. The purchase amount under this Agreement shall be settled in Japanese
   Yen.

Article 2. Individual Contracts

1. Buyer shall purchase from Seller and Seller shall sell to Buyer the
   Products by execution of Individual Contracts as provided below.
2. Buyer shall continuously place orders for Products to Seller by issuing a
   purchase order to Seller specifying names, quantities, prices, delivery
   dates, etc. of the Products via facsimile or e-mail.
3. Seller will inform Buyer whether the Seller is able to accept each
   purchase order within seven (7) days after its receipt of the purchase
   order. If Seller accepts such purchase order, it shall send Buyer
   acceptance of purchase order via facsimile or e-mail.
4. Exchange of the purchase order and the acceptance of the purchase
   order between the parties shall be in force and effect as an individual
   contract for the sale and purchase of the Products (hereinafter referred
   to as "Individual Contracts").

第1条　目　的

1. 買主は各　プロフォーマインボイス（見積り送り状）で特定した商品（以下
「商品」と称する）を購入することに同意し、売主はこれらを販売すること
に同意する。
2. 本契約の下で、購入金額は日本円で支払うものとする。

第2条　個別契約

1. 以下に規定する個別契約を締結することにより買主は売主から商品を購入
し、売主は買主に商品を販売する。
2. 買主は継続的に売主に対して、商品の名称、数量、価格、引渡日等を記入
した注文書を適宜ファクシミリもしくはＥメールで送付して発注する。
3. 売主は買主に対して、注文書受領後7日以内に各注文書を受諾するかどう
かを通知する。売主が注文を受諾する場合には買主に対し、ファクシミリ
またはＥメールで注文請書を送付する。
4. 注文書と注文請書を当事者間で交換することにより商品の売買に関する個
別契約として有効に成立する（以下「個別契約」という）。

文例7　売買基本契約書

Point

①プロフォーマインボイス（pro forma invoice）をもって予め購入（輸入）すべき商品の
見積りをとってから、正式に注文して輸入取引をするほうが、買主（輸入者）にとって
は安全かつ確実な取引となります。

Article 3. Terms of Payment

1. Buyer shall make TT remittance of full purchase amount of the Products in advance to Seller's bank account to be designated by Seller or establish, within seven (7) days after receipt of each notice of completion of the Products to be shipped and delivered to Buyer, an irrevocable and confirmed letter of credit to the amount of the invoice value in favor of Seller at sight with a prime bank satisfactory to Seller.

2. If Buyer fails to make remittance to Seller or provide such letter of credit in accordance with this Agreement, Buyer shall be liable for any loss or damage which Seller may suffer, including but not limited to overdue interest of fifteen percent (15%) per annum for the actual days elapsed. Seller shall have the option to terminate this Agreement and resell the Products for Buyer's account and risk.

Article 4. Delivery

Products shall be shipped in accordance with Seller's pro forma invoice and delivered to Buyer on the scheduled date to be provided in Seller's invoice and/or Individual Contracts. All Products sold hereunder shall be shipped on the basis of FOB Kobe or Osaka, partial shipments to be allowed.

第3条　㉒　支払条件

1. 買主は商品の購入金額全額を売主が予め指定した銀行口座に電信送金の方法で事前に支払うか、もしくは、買主に対して出荷し、引渡す予定の商品の完成通知を受領した後7日以内に、売主が満足する一流銀行に売主を受取人としてインボイス価格をもって開設する、一覧払いの確認済み取消不能信用状をもって支払う。

2. 買主が本契約に基づく売主に対する送金をせず、もしくは信用状を開設しないときは、支払いを遅延した実日数につき年15％の割合による遅延損害金を含むが、これに限らない、売主が被ることのあるすべての損失または損害について責任を負うものとする。売主は本契約を解除し、商品を買主の負担と危険の下に再販売する選択権を有する。

第4条　引　渡

商品は売主のプロフォーマインボイス（見積り送り状）に基づき出荷され、売主のインボイス（送り状）および／もしくは個別契約に記載された予定日に買主に引渡されるものとする。本契約に基づいて販売されるすべての商品は、㉓神戸港もしくは大阪港本船渡しを基準とし、分割船積み可の条件に基づいて船積みされる。

Point

②ここでは代金の支払方法として前払いか、信用状（letter of credit: L/C）のいずれかを買主が選択できるとされていますが、売主にとっては最も安全な支払い方法です。

③ここでは売主が商品を本船に積み込むまでの費用と危険を負担する引渡条件としてINCOTERMS（インコタームズ）の定める最も典型的な貿易条件である本船渡条件（free on board : FOB）を定めています。このFOBでは買主が手配した本船に売主が商品を船積みすることにより引渡義務は完了しますが、商品の滅失・毀損に関する危険の負担は、INCOTERMS 2020では船積みの際に商品が本船上に置かれた時点で売主から買主に移転するとされています。

インコタームズは10年ぶりに改訂され、INCOTERMS 2020が2020年1月1日から発効となりました。仕向地荷降渡し条件（Delivered at Place Unloaded: DPU）が新設されたのが特徴で、FOBについて内容の変更はありません。

文例7　売買基本契約書

Article 5. Tax and Duties

Each party hereto shall pay any tax and duty imposed by law in their respective countries upon or on account of Products to be supplied hereunder.

Article 6. ₄ Forecast and Report

Buyer shall periodically submit to Seller monthly non-binding forecast concerning estimated quantity of Products to be purchased by Buyer for future three (3) months period and monthly actual inventory report at the time of each forecast.

Article 7. Title and Risk

Title to and risk of Products purchased by Buyer shall, in principle, pass from Seller to Buyer at the time when such Products have been loaded on board at the port of shipment. Provided, however, Seller may reserve the title to and security in Products until the full payment for purchase price of Products is made hereunder.

Article 8. Warranty

1. Seller shall warrant that Products are as described in this Agreement for a period of one (1) year from the date of shipment from Seller's factory.
2. Buyer shall notify Seller of any claim for defective material or workmanship of Products by written notice within thirty (30) days after the arrival of Products at the destination specified in the Bill of Lading.

第5条　租税公課

各当事者は、本契約に基づき供給される商品に対し、またはそのために、それぞれの国で法律により課される税金および公的負担金を支払うものとする。

第6条　④販売予測および報告

買主は売主に対し、買主が将来3カ月間にわたり購入する予定の商品の非拘束的な予測数量を定期的に月次で報告すると共に各販売予測時における実際の在庫数量につき月次で報告するものとする。

第7条　所有権および危険

買主が購入した商品の所有権および危険は原則として、当該商品が船積港において本船上に置かれた時に売主から買主に移転するものとする。但し売主は商品の購入代金全額の支払いが本契約に基づき行われるまでその権原および担保を留保することができる。

第8条　保　証

1. 売主は、売主の工場から出荷された日から1年間商品が本契約において記載されたとおりのものであることを保証するものとする。
2. 買主は商品の瑕疵ある材料または製作技術に対するクレームを船荷証券に定められた仕向地への商品の到着後30日以内に書面で売主に通知するものとする。

Point

④販売予測（forecast）をもって、予め製造し、販売（輸出）すべき商品の数量を確認するほうが、売主（輸出者）にとっては製造スケジュールを策定しやすく、安定的な商品の供給につながることになります。

3. If such notice is received by Seller within said period, Seller shall, ⑤ at its sole discretion, replace the defective components or parts with new components or parts, replace the defective Product with a new Product, or refund the purchase money of the Product, as Seller's sole responsibility and obligation hereunder.

4. ⑥ EXCEPT AS EXPRESSLY WARRANTED ABOVE, SELLER SHALL MAKE NO EXPRESS OR IMPLIED WARANTIES TO MERCHANTABILITY OF PRODUCTS OR FITNESS FOR ANY PARTICULAR PURPOSE OR SPECIAL CIRCUMSTANCE.

Article 9. Intellectual Property Rights

1. Buyer acknowledges that any and all trademarks, brand names, copyrights, patents and other intellectual property rights used or embodied in Products purchased from Seller remain to be sole properties of Seller or lawful owner thereof, and shall not in any way dispute them.

2. Seller shall not be liable for any claim of infringement or alleged infringement of any intellectual property rights brought by a third party in relation to Products.

3. Buyer may use Seller's trademark and designated logo for the Products to be sold in Korea.

Article 10. Sales Promotion

1. Buyer shall use its best efforts to sell Products and to develop the market in Korea.

3. 売主が当該通知を上記の各期間内に受けた場合、売主は、<u>自己の裁量で</u>
⑤
　 <u>当該商品の瑕疵ある構成品または部品を新規構成品または部品と交換する</u>
　 <u>か、瑕疵ある商品そのものを新規商品と交換するか、もしくは商品の購入</u>
　 <u>代金を返還するか、いずれかを選択して、売主の単独の責任および義務と</u>
　 <u>して履行する。</u>

4. <u>売主は上記に保証した他は、商品の商品性、特定の目的もしくは特別の</u>
⑥
　 <u>環境に対する適合性について明示であろうと、黙示であろうといかなる保</u>
　 <u>証もしないものとする。</u>

第9条　知的財産権

1. 買主は、売主から購入する商品に使用または具現される商標、ブランド名、
　 著作権、特許権および他の知的財産権のすべてが売主またはそれらの法的
　 所有者の専有の財産であることを確認し、いかなる方法によってもそれら
　 について争わないものとする。

2. 売主は、商品に関連して第三者が提起する知的財産権の侵害または申立て
　 られた侵害のいかなるクレームに対しても責任を負わないものとする。

3. 買主は韓国内で販売される商品に売主の商標および指定されたロゴを使用
　 することができる。

第10条　販売促進

1. 買主は韓国市場において、商品を販売し、市場を開拓するために最大限の
　 努力を払うものとする。

文例7 売買基本契約書

Point

⑤商品に瑕疵があった場合の対応として、ここでは売主は買主の意向を考慮することなく、
　瑕疵ある構成品、部品または商品の交換か、代金の返還のいずれかを裁量により選択す
　れば足りるという内容となっています。

⑥保証責任の規定について、特に売主による商品の保証内容、責任範囲を限定することを
　強調する場合、他の条項が文中で小文字を使って規定するのに対して、保証責任が限定
　されていることを明示するためにあえて全文を大文字で規定する場合があります。

2. Buyer shall obtain prior written approval from Seller for advertisement and promotion materials, magazines, leaflets and other materials to be circulated and distributed in Korea.

Article 11. Confidentiality

During the term of this Agreement and thereafter, Buyer shall not divulge and strictly keep secret any confidential information, including, but not limited to technical data and specification which it may acquire in connection with Products, this Agreement or performance thereunder, except insofar as such information is or becomes generally known or publicly available at the time of disclosure under this Agreement or subsequent thereto.

Article 12. Term

This Agreement shall be effective until the 31st day of March, 2021, unless earlier terminated, and shall be renewed and continued for a period of one (1) year unless either party expresses its intention not to renew or continue this Agreement by written notice to the other party at least two (2) months prior to the expiration of the original term or any such extended term of this Agreement.

Article 13. Termination

1. This Agreement and Individual Contracts shall be automatically terminated without any notice to the concerned party:
   a) without prejudice to any damage or legal redress that it may be entitled to, if the injured party wishes to terminate, in the event the other party substantially fails to comply with any of the provisions of this Agreement or the Individual Contracts, and shall not remedy such default or breach within fifteen (15) days after it has been notified thereof.
   b) in case of insolvency, bankruptcy, liquidation, or dissolution of Buyer.
   c) in case of general assignment by Buyer for the benefit of its creditors.

2. 買主は、宣伝および販売促進資料、雑誌、リーフレットその他韓国内で流通し、配布される資料について売主から事前に書面による承認を得るものとする。

第11条　秘密保持

本契約の期間中および終了後において、買主は、本契約に基づく開示の時点またはその後、公知または公用となる場合を除いて、商品、本契約もしくはその履行に関して取得した技術データおよび仕様を含み、これに限られない秘密情報を漏洩してはならず、これを厳に秘密として保持しなければならない。

第12条　期　　間

本契約は、早期に解除されない限り、2021年3月31日まで有効とし、いずれかの当事者が期間満了の2カ月前までに本契約を更新、継続しない旨の意思を相手方当事者に対して書面で表示しない限り、本契約はさらに1年間更新、継続するものとし、その後の更新についても同様とする。

第13条　解　　除

1. 本契約および個別契約は、下記の場合、当該相手方当事者に対する何らの通知なくして当然に解除されるものとする。
   a）相手方当事者が、本契約もしくは個別契約の規定を実質的に遵守せず、契約解除を望む損害を被った当事者がその旨の通知をしてから15日以内にかかる不履行または契約違反を是正しない場合。但し、損害を被った当事者が有する損害賠償請求または法律上の救済手段に何ら影響を与えるものではない。
   b）買主の支払不能、破産、清算または解散の場合。
   c）買主による債権者のためになされる資産の一般的譲渡があった場合。

2. In case of Buyer's default, Seller shall be entitled to resell or hold defaulted Products for account of and at the risk of Buyer.
3. At the time of expiration or termination of this Agreement for any reason, if any Individual Contracts have been entered into but not yet delivered or unpaid, such Individual Contracts shall not be affected by the expiration or termination of this Agreement and shall continue in effect.

Article 14. Force Majeure

In the event of prohibition of export, refusal to issue export license, acts of God, war, blockade, embargoes, insurrection, mobilization or any other actions of Government authorities, riots, civil commotions, war-like conditions, strikes, lockout, shortage or control of power supply, plague or other epidemics, quarantine, fire, flood, tidal waves, typhoon, hurricane, cyclone, earthquake, lightning, explosion, or any other causes beyond the control of Seller, Seller shall not be liable for any delay in shipment or delivery, non-delivery, or destruction or deterioration, of all or any part of Products, or for any default in performance of this Agreement and Individual Contracts arising therefrom.

Article 15. Trade Terms and Governing Law

The trade terms under this Agreement shall be governed and interpreted by the provisions of the latest ⑦ International Commercial Terms (INCOTERMS 2020).
This Agreement shall be governed as to all matters, including validity, construction and performance, by and under the laws of Japan. The parties hereto expressly agree that the application of the United Nations Convention on Contracts for the International Sale of Goods ("CISG") to this Agreement shall be strictly excluded.

2. 買主の不履行の場合、売主は不履行の対象となった商品を買主の勘定と危険負担において転売し、または保持する権利を有する。

3. 本契約が期間満了または理由のいかんを問わず終了したときは、締結された個別契約で未だ引渡または支払いがなされていなかったものがある場合には当該個別契約は本契約の期間満了または終了によって影響を受けることはなく、有効に存続するものとする。

第14条　不可抗力

輸出禁止、輸出ライセンスの発行拒否、天変地異、戦争、封鎖、出港禁止、反乱、動員もしくは政府機関の他の行為、暴動、内乱、戦争状態、ストライキ、ロックアウト、電力供給不足もしくは管制、疫病もしくは他の流行病、検疫、火災、洪水、津波、台風、ハリケーン、サイクロン、地震、落雷、爆発、または売主の支配を超えるその他の事由の場合、売主は商品の全部もしくは一部の船積みもしくは引渡遅延、引渡不能または破損もしくは悪化、またはそれから生じる本契約および個別契約の債務不履行に対し責任を負わないものとする。

第15条　貿易条件および準拠法

本契約における貿易条件は、最新の 国際貿易取引準則（インコタームズ 2020）⑦の規定によって支配され、解釈されるものとする。

本契約は、効力、解釈および履行を含むすべての事項について、日本国法によって支配されるものとする。本契約書当事者は、本契約への国際物品売買契約に関する国連条約（CISG）の適用が排除されるべきことを明示的に合意する。

Point

⑦準拠法としての日本法に加えて、準拠すべき貿易条件として INCOTERMS 2020 を定めています。また国際物品売買契約に関する国連条約（ウィーン売買条約：CISG）第6条に基づき同条約の適用を全面的に排除すること（オプト・アウト：opt-out）を併せて定めています（P.68 参照）。

IN WITNESS WHEREOF, the parties hereto have caused this Agreement to be signed and sealed by their duly authorized officer or representative as of the date first above written.

Seller: E&F Co., Ltd.

_____

By: Emiko Furuta
Title: Senior Managing Director

Buyer: GHI Corporation

_____

By: Jung-Ae Lee
Title: Chief Executive Officer

　上記の証拠として、本契約当事者は、その正当に授権された役員または代表者によって、冒頭に記載された日付で、本契約書に署名および捺印をした。

売主：株式会社イーアンドエフカンパニー

（署名）――――――――――――――

古田恵美子

肩書：専務取締役

買主：ジー・エイチ・アイコーポレーション

（署名）――――――――――――――

リ・ジュンエ

肩書：業務執行役員

EXCLUSIVE DISTRIBUTORSHIP AGREEMENT

THIS AGREEMENT is made and entered into as of the 1st of January, 2020 by and between KL Corporation, a corporation duly organized and existing under the laws of Japan and having its principal place of business at 7-8-9 Koishikawa, Bunkyo-ku, Tokyo, Japan (hereinafter called "Company") and IJ & Co., Inc., a corporation duly organized and existing under the laws of the State of Queensland, Australia and having its principal place of business at 789 Victoria Street, Brisbane, Queensland, Australia (hereinafter called "Distributor").

RECITALS

A. Company manufactures and distributes certain computer hardware products, etc. (hereinafter called "Products") as listed in Exhibit A attached hereto.
B. Distributor desires to act as an independent distributor of Products under the terms and conditions set forth herein.
C. Company and Distributor recognize necessity of effective marketing and sales of Products through Distributor in the territory described in Exhibit B attached hereto (hereinafter called "Territory").

It is agreed between the parties hereto as follows:

解説

この文例は、日本のコンピュータハードウェアのメーカーが製造する製品を、オーストラリアの会社が独占的に販売したいと申し入れてきたのに対し、独占的販売権を与え、その市場での製品販売について締結する契約文書です。

対 訳

独占販売店契約書

日本国の法律により設立されかつ現存し、日本国東京都文京区小石川 7-8-9 に
その主な営業所を有する法人株式会社 KL コーポレーション（以下「会社」と
いう）と、オーストラリア国クイーンズランド州の法律により設立されかつ現
存し、オーストラリア国クイーンズランド州ブリスベン、ヴィクトリアストリー
ト 789 番地にその主な営業所を有する法人 IJ アンドカンパニーインク（以下「販
売店」という）との間に 2020 年 1 月 1 日に本契約は締結された。

リサイタル（前文）

A　会社は、本契約書添付の別紙 A に記載された一定のコンピュータハードウェ
　ア製品（以下「本件製品」という）を製造、販売している。
B　販売店は、本契約記載の条項に従い本件製品の独立した販売店となること
　を希望している。
C　会社と販売店は、本契約書添付の別紙 B 記載の地域（以下「本件販売地域」
　という）内で効果的に本件製品の市場展開および販売を行うためには、販売
　店を通じて行うことが必要であることを認識している。

そこで両当事者は以下のとおり合意する。

Article 1. Appointment

Company hereby appoints Distributor as its sole and exclusive distributor to distribute and sell Products in Territory subject to the terms and conditions herein stipulated and Distributor hereby accepts such appointment.

Article 2. Relationship

The relationship between Company and Distributor shall be that of a vender and a vendee. Distributor is an independent contractor and is not the legal representative or agent of Company for any purpose whatsoever. Distributor's appointment does not grant or transfer any right, title or interest in Products to Distributor.

Article 3. Exclusivity

3.1. Distributor shall sell Products only in Territory and shall not directly or indirectly sell or export Products to any party outside Territory.

3.2. Company shall not directly or indirectly offer, sell or export Products to any third party within Territory through any other channel than Distributor. Company shall refer to Distributor any and all inquiries or orders for Products which Company may receive from any party in Territory.

第1条　指　名

　　　会社は、本契約に定める条項に従い、販売店を本件販売地域におい
　　て本件製品を頒布し、販売する唯一かつ独占的な販売店に指名し、販
　　売店は、この指名を受諾する。

第2条　両当事者の関係

　　　会社および販売店の関係は、売主および買主の関係である。販売
　　店は、独立した当事者であり、いかなる目的においても会社の法律上
　　の代表者または代理人ではない。販売店の指名は、本件製品に内在す
　　るいかなる権利、権原または利益をも販売店に許諾したり移転するも
　　のではない。

第3条　独占性

3.1.　販売店は、本件製品を本件販売地域においてのみ販売するものとし、
　　　本件販売地域外のいかなる者に対しても、本件製品を直接または間接
　　　に販売または輸出しないものとする。

3.2.　会社は、販売店以外の経路を通じて、本件製品を本件販売地域内の
　　　いかなる第三者に対しても、直接または間接に、販売の申し出、販売
　　　または輸出をしないものとし、会社が本件販売地域内のいかなる者か
　　　ら受けた本件製品についての引合いまたは注文についてもすべて販売
　　　店に取り次ぐものとする。

Point

①販売店契約の当事者は売主（vender）である会社と買主（vendee）である販売店であ
　り、この契約の法的性質は売買です。従って会社が販売店を製品の販売代理店（sales
　agent）と指名し、いわば代理関係を創設する法的関係とは異なり、この条項ではこの
　ことを注意的に規定しています。
②販売店に独占的販売権を与える以上、その販売地域を限定することは特に販売店の事業
　活動を不当に拘束する取引条件とはいえません。
③販売店に独占的販売権を与えることを担保するために、会社の本件販売地域における事
　業活動を制約する内容の条項です。

Article 4. Restraint of Competition
⑷

Distributor shall not distribute or sell any product in Territory which may be competitive with Products during the term of this Agreement or any extension thereof. Provided, however, any product currently sold or distributed by Distributor is expressly excluded from this restraint.

Article 5. Individual Contract

Each individual contract hereunder shall be subject to this Agreement but such contract shall be concluded by Company's Sales Note, the current form of which is attached hereto as Exhibit C, in which the terms, conditions, rights and obligations of the parties hereto shall be provided except those stipulated in this Agreement.

Article 6. Purchase Efforts
⑸

6.1. Distributor makes its best efforts to achieve the sales result of twenty thousand (20,000) units of Products as a yearly sales target in Territory during the original term of this Agreement.

6.2. The yearly sales target for extended term(s) of this Agreement shall be agreed upon in writing between the parties hereto not later than three (3) months prior to expiration of the original term or the then-extended term hereof, as the case may be.

Article 7. Delivery

7.1. Company shall deliver Products to Distributor on the basis of CIF Yokohama, Japan.
⑹

第4条　競争の制限
④

　　販売店は、本契約期間中またはその更新期間中、本件販売地域内において、本件製品と競合するいかなる製品も頒布もしくは販売しないものとする。但し、現在販売店が販売し、頒布している製品については、この限りでない。

第5条　個別契約

　　本契約に基づく各個別契約は、本契約に従うものとするが、その個別契約は、本契約に規定した事項を除いて、諸条件および本契約者の権利義務を規定した会社の売約証でその現行書式が別紙Cとして本契約に添付されているものにより締結され、実施されるものとする。

第6条　購入努力
⑤

6.1.　　販売店は本契約の当初の期間中、本件販売地域における本件製品の年間販売目標として2万台の販売結果を達成するよう最大限努力する。

6.2.　　本契約の更新された期間中の年間販売目標は、当初の契約期間またはその後更新された期間が満了する3カ月前までに当事者間でその時に応じて書面をもって合意するものとする。

第7条　引　渡

7.1.　　会社は販売店に対し、本件製品を日本国横浜港にて運賃保険料込みの条件にて引き渡す。
⑥

Point

④販売店に独占的販売権を与える場合の制約として、特に不当な取引制限とはいえません。

⑤この文例では、販売目標を単に努力目標と規定しているのに対し、販売店に対して販売数量のコミットメントを課す場合には単なる努力目標ではなく、販売数量、販売金額等について最低購入義務（minimum purchase）をここに規定することになります。この場合、最低購入義務に違反した場合の効果として、独占的販売権を喪失させたり、契約解除権を会社が行使できる規定をおきます。

⑥INCOTERMS 2020においてFOBと共に最も典型的な貿易条件の1つです。製品の引渡しと危険の移転時期はFOBと同様、本船上に製品を置いたときですが、運送の手配と保険の手配を売主が行う点でFOBと異なります。

7.2. Distributor shall be responsible for arranging all transportation of Products. In the event that Distributor requests Company to arrange for transportation, Distributor shall reimburse Company for any charge, fee and costs relating to such arrangements, including but not limited to, insurance, transportation, loading and unloading, handling and storage of Products.

Article 8. Price

8.1. Price of Products shall be ⑦determined by Company based upon F.O.B. Yokohama, Japan.

8.2. Company agrees to ⑧extend to Distributor the lowest price on Products given to any distributor or purchaser for resale, notwithstanding the provisions of this Agreement. Company further agrees to grant to Distributor ⑨the most favorable purchase terms and conditions given to any distributor or purchaser for resale of Products or similar products.

Article 9. Terms of Payment

9.1. Payment to Company by Distributor shall be made by an irrevocable letter of credit issued by an international bank acceptable to Company with thirty (30) days' sight to be opened in favor of Company.

9.2. If Distributor fails to establish said letter of credit as provided above, Distributor shall pay to Company interest on overdue accounts at the lesser rate of fifteen percent (15%) per annum, or the maximum rate permitted by applicable law.

　7.2.　　販売店は、本件製品の一切の運送を手配する義務を負う。販売店が
　　　　会社に対して運送手配を依頼したときは、販売店は会社に対し、本件
　　　　製品の保険、運送、船積み、陸揚げ、取扱い、保管を含み、これらに
　　　　限られない一切の手配にかかる料金、手数料および費用を償還する。

第8条　価　格

　8.1.　　本件製品の価格は、日本国横浜港における FOB 価格に基づき　会社
　　　　が決定する。⑦

　8.2.　　本契約の規定にかかわらず、会社は再販売目的で他の販売業者また
　　　　は買主に提供する　本件製品価格の最低の価格を販売店にも与えるこ
　　　　⑧
　　　　とに同意する。さらに会社は、本件製品または類似の製品の再販売目
　　　　的で他の販売業者または買主に付与される　最も有利な諸条件を販売
　　　　⑨
　　　　店にも付与することに同意する。

第9条　支払条件

　9.1.　　販売店による会社に対する支払いは、会社を受取人として開設され、
　　　　会社が同意する国際的な銀行の発行する一覧後 30 日払いの取消不能信
　　　　用状によりなされるものとする。

　9.2.　　もし販売店が上記に規定された信用状を開設するのを怠った場合は、
　　　　販売店は会社に対し、年 15％ の割合もしくは適用される法の下で許容
　　　　される最大限の利率のいずれか低い利率による遅延利息を支払うもの
　　　　とする。

Point

⑦製品の価格は、会社が一方的に決定すると規定していますが、価格表（price list）
を別紙（exhibit）などで添付する場合もあります。この場合の価格は希望小売価格
（suggested retail price）としないと再販価格の指定として独占禁止法上、拘束条件付
取引として問題が生ずるので注意する必要があります。
⑧最恵待遇条項（most favorable clause）のひとつとして最低価格（lowest price）を
販売店に認めることにより優遇する措置です。
⑨これも上記⑧同様販売店を優遇する措置のひとつです。

Article 10. Sales Promotion

10.1. Distributor shall use its best efforts to distribute Products and fully to develop the market within Territory and shall continuously offer, advertise, demonstrate and otherwise promote the sale of Products.

10.2. Company shall provide Distributor ~~(10)~~ free of charge with adequate quantities of catalogues and such other additional literature and advertising materials as may be necessary in Territory.

Article 11. Inspection

11.1. Within seven (7) days after receipt of Products, Distributor shall examine the Products and notify Company in writing of any shortage, defect or damage, if any, which Distributor claims existed at the time of their delivery.

11.2. Within ten (10) days after the receipt of such notice, Company will investigate the claim of shortage, defect or damage and deliver to Distributor Products to replace any which Company determines, in its sole discretion, were missing, defective, or damaged at the time of delivery.

11.3. Unless any notice is given as provided above, Distributor shall be deemed to have accepted such Products and to have waived all claims for shortage, defect or damage.

Article 12. Stocks

Distributor shall maintain adequate stocks of Products in order to enable it to offer and to ensure a good delivery service to customers in Territory and shall keep such stocks in good condition and free from all damage and contamination which might detract from the appearance or performance of Products.

第 10 条　販売促進

10.1.　　販売店は、本件販売地域内において、本件製品を販売し、十分に市場を開拓するのに最大限の努力を払う義務を負うものとし、本件製品の販売について継続的に提供、宣伝、デモンストレーションその他の販売促進活動を行うものとする。

10.2.　　会社は本件販売地域において必要とする十分な数量のカタログおよびその他の追加印刷物ならびに宣伝資料を ⑩ 無償で販売店に提供するものとする。

第 11 条　検　査

11.1.　　本件製品を受領してから 7 日以内に、販売店は、本件製品の検査をし、会社に対して書面により引渡時に存在した不足、瑕疵、または損傷があればこれを通知する。

11.2.　　上記通知を受け取ってから 10 日以内に会社は、不足、瑕疵、または損傷のクレームを調査し、会社が自己の裁量で、引渡時に不足、瑕疵、または損傷が存在したと判断したときは、本件製品を交換のうえ販売店に引き渡すものとする。

11.3.　　上記の通知がなされなかったときは、販売店は、当該本件製品を受け入れたものとみなされ、不足、瑕疵、または損傷にかかる一切のクレームを放棄したものとみなす。

第 12 条　在　庫

　　　　販売店は、本件販売地域における顧客に販売店が申込みの対応および適切な引渡サービスを保証することができるように、本件製品の十分な在庫を保持しておくものとし、かつ本件製品の外観および性能を損なうことのあるあらゆる損害や汚染をされることなく、良好な状態で当該在庫を保管しておくものとする。

Point

⑩販売店による販売促進活動を支援するため無償で販促物を提供するものです。

Article 13. Warranty and Claim

13.1. Company warrants that Products shall be free from defects in design, material and workmanship and fit and suitable for normal use in Territory. Details of warranty by Company shall be described in writing separately and furnished to Distributor. Company shall make no warranties of merchantability of Products to Distributor and its customers in excess of scope of such Company's description.

13.2. Distributor shall indemnify Company against all costs and damages whatsoever arising out of claim by the customers or third parties caused by the acts or defaults of Distributor, its employees, agents or representatives.

Article 14. Trademark, Patent, Etc.

14.1. Distributor admits that all trademarks, designs, patents and other intellectual property rights used or embodied in Products shall remain to be exclusive and sole properties of Company, and shall not dispute them for any reason whatsoever. Distributor shall not apply for or register any intellectual property right in connection with Products.

14.2. In the event any dispute on intellectual property right should have arisen in relation to the sale of Products in Territory, Company shall not be liable for such dispute, provided that Distributor shall notify Company of such dispute without delay.

14.3. During the effective term of this Agreement, Company authorizes Distributor to use Company's trademarks, tradenames and logos in connection with Distributor's advertisements, promotion and distribution of Products in Territory.

14.4. Distributor shall submit each draft of material for advertisement, promotion and any other proposed use by Distributor of Company's trademarks, tradenames or logos to Company for its review and prior approval.

第 13 条　保証およびクレーム

13.1.　会社は、本件製品が設計、材料および出来ばえについていかなる瑕疵もなく、本件販売地域において通常の用途に適合し、かつ適切であることを保証する。会社による保証の明細は、別途書面にて表示され、販売店に提供されるものとする。会社は表示した保証明細の範囲を超えて、販売店およびその顧客に対して本件製品の商品性についていかなる保証もしないものとする。

13.2.　販売店は、販売店とその従業員、代理人または代表者の行為または不履行を原因とする、顧客または第三者によるクレームから発生したすべての経費および賠償金について会社に弁償するものとする。

第 14 条　商標、特許等

14.1.　販売店は、本件製品に使用または具現されているすべての商標、デザイン、特許および他の知的財産権が、会社の独占的所有物に留まるものであることを認め、いかなる理由でも⑪それらについて争わないものとする。販売店は、本件製品に関していかなる知的財産権も出願または登録しないものとする。

14.2.　本件製品の販売に関連して本件販売地域において知的財産権に関する紛争が生じた場合には、会社は、販売店がその紛争について遅滞なく会社に通知した場合は、その紛争について責任がないものとする。

14.3.　本契約の有効期間中、会社は販売店に対して本件販売地域内での本件製品の広告、販売促進および販売に関して会社の商標、商号およびロゴを使用することを許諾する。

14.4.　販売店は、事前に会社において検討したうえその承認を得るため、会社に対して販売店による会社の商標、商号またはロゴの各宣伝、販売促進その他の申出による使用にかかる資料を提出しなければならない。

Point

⑪販売店に、会社が出願しもしくは保有する知的財産権について争わないという不争義務（incontestability）を定めています。

Article 15. Confidentiality

During the term of this Agreement and thereafter, Distributor shall not divulge and keep secret any confidential information which it may acquire in connection with Products, this Agreement or its performance thereunder, except insofar as such information is or becomes generally known or publicly available at the time of disclosure under this Agreement or subsequent thereto.

Article 16. Technical Advice and Training

Company shall provide Distributor with such technical advice, information, materials, manuals and other technical documents as may be necessary to enable Distributor to know Products and to perform its obligations under this Agreement. During the effective term of this Agreement, Company shall continue to give Distributor such technical assistance as Distributor may reasonably request. Distributor shall reimburse Company for all reasonable compensation, transportation, hotel and other out-of-pocket expenses incurred by Company in providing such technical assistance.

Article 17. Term

This Agreement shall come into force on the date first above written and, unless earlier terminated, shall remain in force for a period of three (3) years and shall be renewed and continued for a further period of one (1) year unless either party expresses its intention not to renew or continue this Agreement by written notice to the other party at least three (3) months prior to the expiration of the original term or any such extended term of this Agreement.

Article 18. Termination

18.1. In the event that either party fails to perform any obligation hereunder or otherwise commits any breach of this Agreement and continues in breach for a period of fifteen (15) days after receipt from the other party of a written notice of request to remedy such breach, the other party may terminate this Agreement.

第 15 条　秘密保持

　　本契約の有効期間中およびその後において、販売店は、本契約に基づく開示時点またはその後において、公知または公用となる場合を除いて、本件製品、本契約または本契約に基づく履行に関して取得することのあるいかなる秘密情報も、漏洩してはならないものとする。

第 16 条　技術的助言および訓練

　　会社は、販売店に対して、販売店が本件製品を知り、本契約に基づく義務を履行するのに必要な技術的助言、情報、資料、マニュアル、その他の技術文書を提供するものとする。本契約の有効期間中、会社は販売店に対し、販売店が合理的に要望する技術援助を継続的に行うものとする。販売店は会社に対し、当該技術援助に関して会社が負担した合理的な補償、交通費、ホテル代その他の実費をすべて償還する。

第 17 条　期　　間

　　本契約は、冒頭記載日に効力を生じ、早期に解除されない限り、3年間有効とし、いずれかの当事者が当初期間または更新期間の満了の3カ月前までに相手方に対して本契約を更新または継続しない旨の書面による意思表示をしない限り、さらに 1 年間更新され、継続するものとする。

第 18 条　解　　除

18.1.　　当事者の一方が、本契約に基づく義務の履行を怠り、または、その他本契約に違反し、相手方当事者からの違反を是正するよう要求する書面による通知を受領後 15 日間違反の状態が続いたときは、相手方当事者は、本契約を解除することができる。

18.2. In the event that (i) any proceeding for insolvency or bankruptcy is instituted by or against either party, (ii) a receiver or an administrator is appointed for such party, (iii) that Distributor is merged, consolidated, sells all or substantially all of its assets, or (iv) implements or undergoes any substantial change in management or control, the other party may forthwith terminate this Agreement.

Article 19. Effect of Termination

Upon termination or expiration of this Agreement:

(i) Distributor shall immediately cease all display, advertising and use of all of Company's tradenames, trademarks and logos and shall not thereafter use, advertise or display any tradename, trademark or logo which is, or any part of which is, similar to, or may be confused with any such Company's tradenames, trademarks, logos, or Products.

(ii) The due dates of all outstanding invoices to Distributor for Products shall become automatically due and payable by immediate wire transfer on the effective date of termination or expiration, even if longer terms had been previously provided.

(iii) All orders thereof remaining unshipped as of the effective date of termination or expiration shall automatically be canceled. Provided, however, Company shall deliver Products ordered by Distributor and accepted by Company prior to the date of termination or expiration of this Agreement.

(iv) Company shall have an ⑫ option to buy back from the Distributor new and unsold Products kept and held as the Distributor's stock.

The buy-back price of such new and unsold Products shall be forty percent (40%) off the original purchase price of the Products actually paid by the Distributor to the Company.

18.2.　　(i) 支払不能もしくは破産に対する手続がいずれかの当事者により
もしくはこれに対して開始され、(ii) 管財人または管理人が選任され、
(iii) 販売店が吸収、合併され、すべての、または実質的に一切の財産
を譲渡し、または、(iv) 経営もしくは支配に重大な変更があった場合、
相手方は、直ちに本契約を解除することができる。

第19条　契約終了の効果

本契約が解除または期間満了により終了したときは、

（ i ）　販売店は、直ちに一切の会社の商号、商標およびロゴの一切の
表示、宣伝および使用をやめ、以後、会社の商号、商標、ロゴお
よび本件製品と一部または全部に類似または誤認を生じる商号、
商標またはロゴの一切の使用、宣伝もしくは表示をしない。

（ ii ）　本件製品に関する販売店に対するすべての未払請求書の支払期
日は、以前から長い支払期限が付与されていたとしても、解除ま
たは期間満了の効力発生日に自動的に期限が到来し、直ちに電信
送金で支払われなければならない。

（iii）　解除または期間満了の効力発生日に発送されていない注文は自
動的に取り消されたものとする。但し、会社は本契約の解除また
は期間満了日前に販売店から注文を受け、会社がこれを受諾した
本件製品はこれを引き渡さなければならない。

（iv）　会社は販売店が在庫として保管し、保持している新品かつ未販
売の製品を販売店から　買い戻す選択権を有するものとする。
　　　　　　　　　⑫
かかる新品かつ未販売の本件製品の買戻価格は販売店が会社から
本件製品を購入した当初の現実に支払った代金から40％減額した
金額とする。

Point

⑫契約終了時に販売店の元に在庫品が残っている場合、その在庫処分を一定期間認めるこ
と（セルオフ：sell off）もありますが、ここでは会社に在庫品を買い戻す選択権（オプショ
ン）を認める規定となっています。

Article 20. Waiver

20.1. Failure by either party to require performance by the other party or to claim a breach of any provisions of this Agreement shall in no manner be deemed to be waiver of such provisions or rights under this Agreement.

20.2. A waiver of any right accruing to either party pursuant to this Agreement shall not be effective unless given in writing.

Article 21. Notice

All notices, claims and demands hereunder shall be given by international airmail or by facsimile and confirmed by international airmail mailed to the addresses for the respective parties first above written, as they may be changed by proper written notice from time to time.

Article 22. Force Majeure

Company shall not be responsible for any failure or delay in the performance of any obligation imposed upon it hereunder, nor shall such failure or delay be deemed to be a breach of this Agreement if such failure or delay is due to force majeure or any other cause beyond the control of Company, provided Company shall promptly give notice to Distributor of such occurrence and eliminate the effects thereof to the extent possible.

Article 23. Assignability

This Agreement, including all rights and obligations in whole or in part, shall not be assigned by either party to any third party without prior written consent of the other party. Provided, however, Company shall be entitled to assign this Agreement to any subsidiary or affiliate of Company without prior written consent of Distributor.

第 20 条　権利放棄

20.1.　当事者の一方が他方に対し、本契約の条項に基づく責務の履行を要求せず、または本契約に対する違反について申立てを行わない場合であっても、本契約により生ずるかかる条項もしくは権利を放棄したものとみなされることはない。

20.2.　本契約に基づき生ずる、本契約の一方の当事者による権利の放棄は、書面によってなされるのでなければその効力を生じないものとする。

第 21 条　通　知

　本契約における一切の通知、クレームおよび要求は、各当事者の随時適正な書面による通知により変更可能な冒頭記載の住所に対して国際郵便、またはファクシミリおよびこの確認のため発送する国際郵便によりなされるものとする。

第 22 条　不可抗力

　会社は、本契約に基づく義務の不履行または履行遅滞が不可抗力もしくは会社の制御できないその他の原因による場合、当該不履行または遅延の責任を負わないものとし、当該不履行または遅延は、本契約の違反とみなされないが、会社は販売店に対しかかる事態の発生を直ちに通知し、かつ可能な範囲でこれによる影響を除去する措置をとるものとする。

第 23 条　譲渡可能性

　本契約は、一切の権利および義務を含め、全部または一部を問わず、相手方の書面による事前の同意なく、いかなる第三者にも譲渡されないものとする。但し、会社は販売店の書面による事前の承諾なしに本契約をその子会社または関連会社に譲渡することができる。

文例 8　独占販売店契約書

Article 24. Trade Terms and Governing Law

The trade terms under this Agreement shall be governed and interpreted by the provisions of International Commercial Terms (INCOTERMS 2020 Edition, I.C.C.). This Agreement shall be governed by and construed in accordance with the laws of Japan as to all matters, including validity, construction and performance.

Article 25. Arbitration

All disputes, controversies or differences which may arise between the parties hereto, out of or in relation to this Agreement, shall be finally settled by arbitration in Tokyo, Japan in accordance with the Commercial Arbitration Rules of The Japan Commercial Arbitration Association. The award rendered by arbitrator(s) shall be final and binding upon the parties hereto.

Article 26. Severability

If any provisions of this Agreement is held by a court of competent jurisdiction to be illegal or invalid, the remainder of these provisions hereof shall remain in effect.

Article 27. Entire Agreement

This Agreement and all exhibits hereto constitute the entire agreement between the parties hereto pertaining to distributorship of Products and supersede any and all written or oral agreements previously existing between the parties hereto. No modification, change or amendment of this Agreement shall be binding upon either party except by the mutual express consent in writing at a subsequent date signed by an authorized officer or representative of each of the parties hereto.

Article 28. Headings

The headings to the Articles contained herein are for reference only and shall not be considered substantive parts of this Agreement.

第24条　貿易条件および準拠法

　　本契約における貿易条件は、ICC（国際商業会議所）の2020年版国際貿易取引準則（インコタームズ）の規定によって支配され、解釈されるものとする。本契約は、効力、解釈および履行を含むすべての事項について、日本国法によって支配され、解釈されるものとする。

第25条　仲　裁

　　本契約から、またはこれに関して当事者間で生じる一切の紛争、論争または意見の相違は、一般社団法人日本商事仲裁協会の商事仲裁規則に従い、日本国東京における仲裁により最終的に解決される。仲裁人による仲裁判断は最終的であり、両当事者を拘束するものとする。

第26条　分離独立性

　　本契約の条項のいずれかが管轄権を有する裁判所によって違法または無効であると判断された場合であっても、本契約のその余の条項はなお有効とする。

第27条　完全合意

　　本契約および添付別紙は、本件製品の販売権に関して、当事者間の完全な合意を構成し、当事者間の従前の書面、口頭による一切の合意は効力を失う。各当事者の権限を有する役員または代表者が本契約日後の日付に署名した書面により相互に明示的に合意した場合を除き、本契約の修正、変更、改定は、両当事者を拘束しないものとする。

第28条　見出し

　　本契約条項の見出しは、参照の便宜のみの目的のものであり、本契約の一部を構成するものではない。

IN WITNESS WHEREOF, the parties hereto have caused this Agreement to be executed in duplicate, each duplicate of which shall be considered an original, by their respective duly authorized representative as of the day and year first above written.

KL Corporation

_____

By: Ichiro Jinbo
Title: President

IJ & Co., Inc.

_____

By: Kenneth Lemon
Title: Managing Director

EXHIBITS

EXHIBIT A (Products)
EXHIBIT B (Territory)
EXHIBIT C (Sales Note)

以上の合意の証として、両当事者は冒頭記載の年月日に各々正式に授権された代表者をして、それぞれ原本とみなされる本契約書2通を作成した。

株式会社 KL コーポレーション

（署名）————————————

神保一郎

肩書：社長

IJ アンドカンパニーインク

（署名）————————————

ケネス レモン

肩書：マネージング　ダイレクター

別紙

別紙A　（本件製品）

別紙B　（本件販売地域）

別紙C　（売約証）

LEASE AGREEMENT

THIS AGREEMENT, made and entered into this 1st day of April, 2020 by and between:

UNIVERSAL MFG. CO., LTD., a corporation duly organized and existing under the laws of Japan and having its principal place of business in Tokyo Shinkawa Bldg., 1-1-1 Shinkawa, Chuo-ku, Tokyo 104-0033, Japan (hereinafter referred to as "Universal"),

and:

VICTORIA PRINTING PTY., LTD., a corporation duly organized and existing under the laws of the State of Victoria, Australia and having its principal place of business at 77-81 Mark Street, North Melbourne, 3051, Victoria, Australia (hereinafter referred to as "Victoria"),

WITNESSETH THAT:

WHEREAS, Universal is engaged in the business, among other things, of manufacturing, exporting and selling thermal transfer ribbons for printers and own and use slitters for ribbons; and

WHEREAS, Victoria desires to lease from Universal said slitters for slitting ribbons to be sold to Victoria's customers in Australia, New Zealand and other certain countries.

NOW, THEREFORE, in consideration of the mutual covenants and agreements herein contained, the parties hereto agree as follows:

解説

この文例は、オーストラリアの印刷会社がスリッター（裁断機）を日本のメーカーから賃借し、リース料を支払うという賃貸借の法的性質を有する契約文書です。

リース契約書

2020年4月1日付リース契約

ユニバーサルマニュファクチャリング株式会社（以下「ユニバーサル」という）
日本国法人、
本店：日本国〒104-0033 東京都中央区新川 1-1-1　東京新川ビル
ビクトリア プリンティング有限責任会社（以下「ビクトリア」という）
オーストラリア国ビクトリア州法人、
本店：オーストラリア国ビクトリア州3051、ノース メルボルン、マー
クストリート 77-81

前文

ユニバーサルはプリンタ用の熱転写リボン等を製造、輸出、販売し、リボンの
スリッターを所有し、使用している。
ビクトリアはユニバーサルから、オーストラリア、ニュージーランド等のビク
トリアの顧客に販売するリボンをスリットするためのスリッターをリース（賃
借）することを希望している。

そこで両当事者は相互の誓約と合意を約因として以下のとおり合意する。

Article 1. (Equipment)

    1. Universal shall lease to Victoria the equipment specified on item (1) on the Appendix (hereinafter referred to as "Equipment") and Victoria shall agree to rent the Equipment.

    2. Victoria assigns to Universal any and all Victoria's rights and interests on the Equipment under the purchase agreement separately executed between Victoria and manufacturer of the Equipment and Universal accepts such assignment solely in order to enable Universal to lease to Victoria the Equipment hereunder.

Article 2. (Term of Lease)

    The term of this lease shall be seven (7) years after the date of final commissioning of the Equipment. The date of final commissioning provided herein shall mean the date of completion of installation and setting up of the Equipment.

Article 3. (Amount of Lease and Payment Method)

    1. Amount of lease and other costs of the Equipment are as per item (2) on the Appendix.

    2. Victoria shall pay the first annual amount of lease on the date of final commissioning of the Equipment to, and payment of the second annual amount of lease onward shall be made by remittance to Universal's bank account to be designated by Universal on each anniversary date of final commissioning of the Equipment.

Article 4. (Delivery and Defect)

    1. Universal shall deliver the Equipment to a carrier or forwarder to be arranged by Victoria. Upon notification of arrival of the Equipment at the Victoria's premises, Universal shall arrange for installation and setting up of the Equipment in conformity with applicable specifications and standards. Victoria agrees to accept the Equipment on an "as is" basis under this Agreement.

第1条（リース物件）

1. ユニバーサルは、別表（1）記載の機械（以下「物件」という）をビクトリアに賃貸し、ビクトリアはこれを賃借する。

2. ビクトリアは別途物件の製造業者との間で締結する物件の売買契約に基づく一切の権利および利益を、ユニバーサルが本契約に基づきビクトリアに賃貸することが可能となるようユニバーサルに譲渡し、ユニバーサルはこれらの権利および利益を譲り受けることを承諾する。

第2条（リース期間）

　　　リース期間は、ビクトリアが物件の最終検収をした日から7年間とする。本契約に規定される物件の最終検収完了日とは、物件の据付けおよびセットアップが完了した日をいう。

第3条（リース料およびその支払方法）

1. 物件のリース料（賃貸料）およびその他の費用は、別表（2）記載のとおりとする。

2. ビクトリアは、リース物件最終検収日に初回年額リース料を、第2回以降分の年額リース料は、物件の毎年の最終検収日にそれぞれユニバーサルの指定する銀行口座に送金して支払うものとする。

第4条（物件の引渡しおよび瑕疵）

1. 物件の引渡しは、ビクトリアが手配した運搬人または運送業者にユニバーサルが引き渡して行う。ビクトリアの工場に物件が到着した通知を受け次第、ユニバーサルは仕様および基準に適合するように物件の据付けおよびセットアップを行う。ビクトリアは物件を現状有姿の状態で引き受けることを受諾する。

2. Victoria shall immediately advise Universal in writing when the inconformity with the standards, specification etc. and/or any defect (including a hidden defect) thereof are found after the date of final commissioning of the Equipment.

Should Victoria fail to make said notice, Victoria shall be deemed to receive the Equipment as perfect normal condition.

3. Universal shall be responsible to repair or replace hidden defect(s) of the Equipment only which are found within six (6) months after the date of final commissioning of the Equipment.

Article 5. (Use and Custody of the Equipment)
①
1. Victoria shall maintain and manage the Equipment in good condition with due care of due manager in good faith.

2. Victoria shall be responsible for the expenses to be required for use, custody, inspection etc. and all the costs for replacement of the parts and accessories, repair and maintenance of the Equipment after the date of final commissioning of the Equipment from Universal.

3. Victoria shall be liable for any personal and/or physical damages and costs thereof against the third party caused by the Equipment itself or its use and custody thereof. Victoria hereby indemnifies Universal and keeps harmless Universal from any and all losses, damages, claims, demands and all expenses legal or otherwise arising out of use and custody of the Equipment.

2. 物件の最終検収完了日後に物件の基準・仕様等の不適合、または瑕疵（隠れたる瑕疵を含む）が発見されたときは、ビクトリアは直ちにユニバーサルに書面で通知する。

ビクトリアがこれを怠った場合は、物件が完全で正常な状態で引き渡されたものとみなす。

3. ユニバーサルは物件の最終検収完了日後6カ月以内に発見された物件の隠れたる瑕疵についてのみ、これを交換または修理する責任を負うものとする。

第5条（①物件の使用、保管）

1. ビクトリアは、物件を善良な管理者の注意をもって正常な状態に維持、管理する。

2. 物件の最終検収完了日後の物件の使用・保管・検査等の諸費用、および部品・付属品の取り替え、補修・保守にかかる一切の費用はビクトリアの負担とする。

3. ビクトリアは、物件自体またはその使用もしくは保管によって第三者に人的、物的損害を与えたときは、これに伴う一切の損害賠償責任および費用を負担する。ビクトリアは、物件の使用もしくは保管によって生ずるすべての損失、損害、クレーム、要求および法律上の、またその他の費用からユニバーサルを免責する。

文例9 リース契約書

Point

①リース物件の保守、管理を目的として別途メンテナンス業者との間でメンテナンス契約（Maintenance Agreement）を締結しておく場合もあります。

Article 6. (Prohibited Conducts)

Victoria shall not be allowed to do the followings without Universal's prior consent in writing _② <u>which consent shall not be unreasonably withheld.</u>

1) To change the original state, nature or condition of the Equipment.
2) To change its use of the Equipment.
3) To move the Equipment to other place than the designated location of Victoria's facility.
4) To transfer or sublet the Equipment to the third party.
5) To establish any right of pledge, mortgage, transfer security, etc.

Article 7. (Notice and Report)

1. Victoria shall immediately advise Universal when one of the followings happened.
   1) Change in the address and/or the location, representative of Victoria and change of the important matters provided in this Agreement.
   2) Possibility of occurrence of events provided in clause 1, 2), 3) and 4) of Article 13.
   3) Any theft, loss and damage of the Equipment.
   4) Damages against the third party caused by the Equipment itself and the use and/or custody thereof.
   5) Possibility of the case in which any other right of Universal could be damaged.
2. Victoria shall submit to Universal details of any change in the business situation of Victoria in writing.

第6条（禁止行為）

　　　　ビクトリアは、事前に書面によるユニバーサルの承諾を得なければ、次の行為をすることができない。②但し、かかる承諾は不合理に留保されてはならない。

　　1）物件の原状を変更すること。

　　2）物件の用途を変更すること。

　　3）物件をビクトリアの施設内の指定設置場所から移動すること。

　　4）物件を第三者に譲渡もしくは転貸すること。

　　5）物件に質権・抵当権・譲渡担保等の一切の権利を設定すること。

第7条（通知・報告義務）

　1.　次の各号の一の事由が生じたときは、ビクトリアは直ちにユニバーサルに対して通知する。

　　1）ビクトリアの住所または所在地移転・代表者変更・その他本契約上の重要事項を変更したとき。

　　2）第13条第1項第2号、3号、4号の事態が発生するおそれのあるとき。

　　3）物件につき盗難・滅失・損傷の事故が発生したとき。

　　4）物件自体またはその使用もしくは保管に起因して第三者に損害を与えたとき。

　　5）その他ユニバーサルの権利を侵害する事態が発生するおそれのあるとき。

　2.　ビクトリアは、ビクトリアの営業の状況に変化があったときは、その詳細を文書でユニバーサルに提出する。

文例9 リース契約書

Point

②「事前に書面による承諾」が必要とすると、「承諾」がない限り、いつまでも本条に規定された行為はできません。しかしながら「承諾」しないことが不合理な理由による場合は、不当に「承諾」しないことは許されない、という制限を設けるための規定です。英文契約の条項としては、慣用的な表現です。

Article 8. (Universal's Rights)
1. Universal may attach to the Equipment the indication express-ing the Equipment is owned by Universal.
2. Victoria acknowledges that the Universal has acquired and owns title of the Equipment solely for the purpose of this Agreement.
3. Universal may visit the location of the Equipment and inspect the situation of use and custody of the Equipment at any time during normal business hours of Victoria.
4. Universal may transfer and pledge the obligatory rights based on this Agreement to the third party including the financial company, etc. or establish the security on the Equipment without Victoria's consent.
5. Victoria shall bear all the expenses, including but not limited to attorneys' expenses and fee, borne by Universal when Victoria breached this Agreement.

Article 9. (③ Nonlife Insurance)
1. Victoria shall conclude the nonlife insurance contract and pay the premiums for the Equipment with a reputable insurance company approved by Universal as co-insured for its full insurable value noting on the policy the interest of Universal as owner of the Equipment. Such insurance shall be maintained during the full term of the lease.
2. In the event of any loss of or damage to the Equipment which may give rise to any claim under the insurance, Victoria shall immediately advise to Universal and submit to Universal necessary documents for insurance settlement without delay.

Article 10. (Loss and Damage of the Equipment)
1. Victoria shall be liable for all the risk including loss of and damage to the Equipment happened during the term of the lease.
2. In case of damage of the Equipment Victoria shall repair to the original condition of the Equipment or replace with the same kind of the Equipment at Victoria's cost.

第 8 条（ユニバーサルの権利）

1. ユニバーサルは、物件にユニバーサルの所有である旨の表示を付することができる。

2. ビクトリアは、物件をユニバーサルが本契約の目的を達成するだけのために所有していることを確認する。

3. ユニバーサルは、ビクトリアの営業時間中、いつでも物件の使用設置場所に立ち入り、物件の使用・保管状況を点検することができる。

4. ユニバーサルは、ビクトリアの承諾を要せず本契約に基づく権利を金融機関等第三者に譲渡・質入れしまたは物件に担保を設定することができる。

5. ビクトリアは、本契約に違反した場合、これによってユニバーサルが支出した一切の費用（弁護士費用・報酬を含み、これに限らない）を負担する。

第 9 条（③損害保険）

1. ビクトリアは、物件に対しリース期間中継続してユニバーサルを物件所有者としての利害を有する者として、その保険金額全額を付保する被保険者と保険証券に記載することをもってユニバーサルの承認する一流保険会社と損害保険契約を締結し、その保険料を支払う。

2. 物件に保険請求につながるような損失もしくは損害が発生したときは、ビクトリアは直ちにユニバーサルに通知すると共に、保険処理上の必要書類を遅滞なくユニバーサルに交付する。

第 10 条（物件の減失・損傷）

1. リース期間中に生じた物件の減失・損傷等すべての危険はビクトリアが負担する。

2. 物件が損傷したときは、ビクトリアは自己の負担で物件を原状に修復するか、同種の物件と取り替えるものとする。

Point

③リース物件に損害保険を、リース物件所有者を被保険者（insured）として付保することを規定しています。

文例9 リース契約書

3. When the Equipment was stolen, lost or unrepairable, Victoria shall immediately pay in cash to Universal the liquidated damages which is equivalent to unpaid lease amount.

4. This Agreement shall be terminated when the payment of the preceding clause 3. above was made and Universal transferred the title of the Equipment as it is to Victoria.

Article 11. (Measures on Expiration of the Term of Lease)

1. Victoria shall advise to Universal at least two (2) months prior to expiration of the term of lease, if Victoria desires to continue this Agreement after expiration of the term of lease. In this case, the renewed Lease Agreement shall be in effect when the both parties hereto agree and sign the renewed Lease Agreement.

2. Article 12 shall be applied except for the preceding clause 1. above.

Article 12. (Return of the Equipment)

1. Victoria shall immediately return the Equipment to Universal when the term of lease is over or Universal requests Victoria to return the Equipment according to Article 13. If Victoria does not return the Equipment, Victoria shall accept that Universal may visit the location of the Equipment and take over the Equipment.

2. The location where the Equipment to be returned shall be designated by Universal. Victoria shall be responsible for all the expenses required for return of the Equipment. Should Universal collect the Equipment, any necessary costs for such collection shall be borne by Victoria.

3. If the condition of the Equipment is different from the original condition due to damages and others at the time of return or take-over of the Equipment, Victoria shall pay to Universal the repair cost therefore (wear and tear during the lesased period is excluded).

3. 物件が盗難にあい、または滅失し、もしくは修理不能となった場合、ビクトリアは未払リース料相当の清算損害金を直ちにユニバーサルに現金で支払う。

4. 前項の支払完了と同時に、ユニバーサルは現状有姿のままで物件の所有権をビクトリアに譲渡することにより本契約は終了する。

第11条（リース期間満了の処置）

1. リース期間満了後、ビクトリアが引き続きリース契約を希望すると_④きは、満了日の少なくとも2カ月前にユニバーサルに対し申し出る。この場合の再リース契約は、ユニバーサルとビクトリアが合意し署名することにより成立する。

2. 前項以外は、第12条に基づき処理する。

第12条（物件の返還）

1. リース期間が満了したとき、または第13条によりユニバーサルから物件の返還請求があった場合、ビクトリアは直ちに物件をユニバーサルに返還する。ビクトリアがこれを行わないときは物件の使用設置場所にユニバーサルが立ち入り物件を回収することができ、ビクトリアはこれを承諾する。

2. 物件の返還場所はユニバーサルの指定する場所とし、返還に要する一切の費用はビクトリアが負担する。ユニバーサルが回収した場合それに要した一切の費用はビクトリアが負担する。

3. 物件返還時または回収時に損傷その他によって物件が原状と異なるとき（期間対応の損耗を除く）は、修理費用をビクトリアがユニバーサルに支払う。

Point

④リース期間満了時に引き続きリース物件使用者がその使用の継続を希望する場合に再リースを認める例です。

4. If some item is attached to the Equipment at the time of return or take-over of the Equipment, Universal may obtain the title of attachment hereof free of charge.
5. Victoria shall pay to Universal the amount equivalent to the amount of lease and shall assume the same obligations as Victoria assumes during the term of lease until the return or take-over of the Equipment has been completed.

Article 13. (Termination)
1. When one of the followings happened to Victoria, Universal may terminate this Agreement without any prior notice.
   1) To have delayed in paying the lease amount even one time and such delay shall continue for fifteen (15) days after written notice by Universal to Victoria.
   2) To have received the order for provisional attachment, attachment or auction declaration or to have declared bankruptcy, company reorganization or rehabilitation, etc. or to have been declared.
   3) To have implemented any substantial change in management or control.
   4) To have received attachment for delinquent tax or other public charge or fall into insolvency.
   5) To have breached even one of terms and conditions hereof and such breach shall continue for fifteen (15) days after written notice by Universal to Victoria.
2. When this Agreement is terminated according to the preceding clause 1. above, Victoria shall lose the benefit of time for any and all debts and obligations against Universal and Universal may claim for the liquidated damage equivalent to unpaid lease amounts and for return of the Equipment.

4. 物件返還時または回収時に物件に付着物があるときは、その所有権を
ユニバーサルが無償で取得する。

5. ビクトリアは返還完了または回収完了までリース料相当額をユニバー
サルに支払い、リース期間中と同一内容の義務を負担する。

第 13 条（解除）

1. ビクトリアが次の各号の一に該当したときは、ユニバーサルは通知、
催告を要せず、本契約を解除できる。

1）リース料の支払いを 1 回でも遅滞し、ユニバーサルから書面によ
る通知を受けた後 15 日間遅滞が継続したとき。

2）仮差押え、差押えもしくは競売の申請を受けたとき、または破産、
会社更生手続きもしくは民事再生手続き開始の申し立てをしたと
き、あるいは受けたとき。

3）経営もしくは会社支配に重大な変更があったとき。

4）租税公課を滞納して処分を受けたとき、または支払不能となったとき。

5）本契約条項の一にでも違反し、ユニバーサルから書面による通知
を受けた後 15 日間その違反が継続したとき。

2. 前項により本契約を解除されたときは、ビクトリアのユニバーサルに
対する一切の債務についてビクトリアは期限の利益を失い、ユニバー
サルは未払リース料相当の清算損害金の請求および物件の返還請求を
することができる。

Article 14. (Interest on Delayed Payment)

Victoria shall pay to Universal the interest on delayed payment based on the rate of fifteen percent (15%) per annum for the overdue period, when Victoria fails to pay any amount based on this Agreement or Universal disbursed any expense on behalf of Victoria.

Article 15. (⑤ Mediation)

All disputes, controversies or differences arising out of or in connection with this Agreement shall first be submitted to the Singapore International Mediation Centre for resolution by mediation in accordance with the Mediation Procedure for the time being in force. The parties agree to participate in the mediation in good faith and undertake to abide by the terms of any settlement reached.

Article 16. (Responsibility for Expenses)

1. Each party shall bear their own expenses required for conclusion of this Agreement and Victoria shall bear all the expenses in connection with the performance or non-performance of Victoria's obligations based on this Agreement.

2. ⑥ Universal shall be liable for fixed asset tax. When the fixed asset tax increases during the term of lease, Victoria shall immediately pay to Universal the increased portion thereof separately from the amount of lease upon Universal's request.

第14条（遅延損害金）

　　　　ビクトリアは、本契約に基づく金銭上の支払いを遅延したとき、またはユニバーサルがビクトリアのために費用を立て替えて支払ったときは、遅滞期間中、支払金額に対し、年15％の割合の遅延損害金をユニバーサルに支払う。

第15条（⑤調停）

　　　　本契約に起因または関連して生じた一切の紛争、論争もしくは相違については、シンガポール国際調停センターに対して効力を有する調停手続に付された調停によって解決する。当事者は誠意をもってその調停に参加し、合意に達した調停条項を遵守することに合意する。

第16条（費用の負担等）

1. 本契約の締結に関する費用は各当事者がそれぞれの分を負担することとし、本契約に基づくビクトリアの債務履行もしくは債務不履行に関する一切の費用は、ビクトリアの負担とする。
2. ⑥固定資産税はユニバーサルが負担する。リース期間中に固定資産税が増額された場合には、ビクトリアはユニバーサルの請求により、直ちにその増額分をリース料とは別にユニバーサルに支払う。

Point

⑤紛争解決方法として「調停」（mediation）によることを定めた条項です。但し、調停手続で合意に至らない場合は調停不成立（不調）になりますが、このような場合に対処する紛争解決方法として、仲裁と調停を組み合わせる方法があります。
　シンガポール国際仲裁センター（SIAC）では、まず、仲裁（arbitration）を紛争解決手続として先行させ、協議で紛争解決の見込みがあるような場合に調停（mediation）に移行して合意を成立させるという手続を、シンガポール国際調停センター（SIMC）と共同して推奨しています。SIMCでは原則として8週間以内に調停を終了させるものとし、その間に調停による合意に至らない場合は仲裁手続を再開させ、仲裁裁定をもって紛争を解決するというArb-Med-Arb（仲裁―調停―仲裁）と呼ばれる方法が制度として存在しています。
⑥リース物件に課される固定資産税（fixed asset tax）だけはリース物件所有者が負担して支払うが、その他の税金、公租公課および費用等はリース物件使用者が負担することが規定されています。

3. Victoria shall be liable for tax and public charge which are or are to be charged to the acquisition, ownership, custody and use of the Equipment and the dealings based on this Agreement, regardless of the holder of the title deed.

4. When Universal disburse the taxes and public charges in accordance with the preceding clause 3. above on behalf of Victoria, Victoria shall immediately pay such disbursed amount for said tax and public charge to Universal separately from the lease amount at Universal's request, regardless of the due date.

Article 17. (Entire Agreement)

This Agreement constitutes the entire agreement between the parties hereto with respect to the subject matter hereof and supersedes all prior communication and agreement with regard to the same.

Article 18. (Governing Law)

This Agreement shall be governed as to all matters, including validity, construction and performance by and under the laws of Japan, without reference to principles of conflict of laws.

3. 物件の取得、所有、保管、使用および本契約に基づく取引に課され、または課されることのある税金および租税公課は、名義人のいかんにかかわらず、ビクトリアが負担する。

4. ビクトリアは、前項による諸税をユニバーサルが納めることとなったときは、その納付の前後を問わず、ユニバーサルの請求により直ちにこれをリース料とは別にユニバーサルに支払う。

第17条（完全合意）

本契約は、両当事者間の本件に関する完全な合意を構成するもので、かつ本契約の締結前になされたすべての協議および合意に取って代わるものとする。

第18条（準拠法）

本契約の有効性、解釈および履行を含むすべての事項は抵触法の原則によることなく日本法に準拠する。

IN WITNESS WHEREOF, the parties hereto have caused this Agreement to be executed by their duly authorized officer or representative as of the date first above written.

Universal: UNIVERSAL MFG. CO., LTD.

By: Kazuhide Ueyama
Title: Executive Managing Director

Victoria: VICTORIA PRINTING PTY., LTD.

By: Victor Phillip
Title: Managing Director

APPENDIX

(1) Equipment

No.	Item	Model No.
1	Film ribbon slitter	
2		
3		

(2) Amount of Lease

Annual Lease Amount

1st year
2nd year
3rd year
4th year
5th year
6th year
7th year

上記の証として正当な権限を有する役員または代表者が冒頭記載の日に本契約
に署名した。

ユニバーサルマニュファクチャリング株式会社

（署名）_____

植山一秀

肩書：常務執行取締役

ビクトリア プリンティング有限責任会社

（署名）_____

ビクター・フィリップ

肩書：マネージング・ダイレクター

［別表］

(1) リース物件

番号	品名	型番号
1.	フィルムリボンスリッター	
2.		
3.		

(2) リース料

リース料年額

1年目

2年目

3年目

4年目

5年目

6年目

7年目

CONSULTING AGREEMENT

This Agreement, made and entered into this 1st day of May, 2018 by and between Chiyoda Printing Co., Ltd., a Japanese corporation having its principal office of business at 3-3-3 Sotokanda, Chiyoda-ku, Tokyo 105-0016, Japan (hereinafter called "Chiyoda") and United Consultants, LLP, a limited liability partnership organized in New York having its principal office at 100 Park Avenue, Suite 30G, New York, New York 10016, U.S.A. (hereinafter called "United").

WITNESSETH THAT:

Whereas, Chiyoda is engaged in the business, among other things, of manufacturing, exporting and selling inkjet printers and United is engaged in consulting services for the inkjet business; and

Whereas, Chiyoda is desirous to appoint United as its consultant for the inkjet business in the U.S. on the terms and conditions hereinafter provided.

Now Therefore, the parties hereto agree as follows:

Article 1. Appointment and Scope of Business

1. Chiyoda hereby appoints United as its consultant to provide consulting services regarding ink jet business (hereinafter called "Services") in the U.S. during the term of this Agreement and United shall agree to perform the Services for Chiyoda.

解説

この文例は、日本のプリンタメーカーがアメリカにおける事業展開についてニューヨークのパートナーシップ（組合）のコンサルティングサービスを受けることを内容とする、役務提供に関する委任もしくは準委任の法的性質をもった契約文書です。

文例

10

対 訳

コンサルタント契約書

本契約は 2018 年 5 月 1 日、日本国〒 105-0016 東京都千代田区外神田 3-3-3 に主たる事業本拠地を有する日本法人千代田プリンティング株式会社（以下「千代田」という）とアメリカ合衆国 10016 ニューヨーク州、ニューヨーク市パークアベニュー 100、30G に主たる本拠地を有するニューヨーク州で組織されたパートナーシップ（組合）であるユナイテッドコンサルタンツ LLP（以下「ユナイテッド」という）との間で締結された。

千代田はインクジェットプリンタの製造、輸出および販売を業とするものであり、ユナイテッドはインクジェット事業に関するコンサルティングを業とするものである。

千代田はユナイテッドを以下の条件をもってアメリカ合衆国におけるインクジェット事業のコンサルタントとして選任することを希望する。

そこで当事者は以下のとおり合意する。

第 1 条　選任および業務範囲

1.　千代田は本契約の期間中、ユナイテッドをアメリカ合衆国でのインクジェット事業に関するコンサルティングサービス（以下「サービス」という）を提供するコンサルタントとして選任し、ユナイテッドは千代田のためにサービスを提供することに同意する。

2. The scope of the Services which Chiyoda may commission to United is as follows:

   Advice or suggestion on business decision to be made by Chiyoda and coordination of business meetings and conferences as the liaison and coordinator with major printer manufacturers.
3. Chiyoda shall provide United with access to Chiyoda's facilities, personnel and information as reasonably required by United to perform the Services.

Article 2. Best Efforts

1. United shall exert its best effort in performing the Services commissioned hereunder exclusively on behalf of Chiyoda in the U.S. in a professional and timely manner.
2. United shall comply with all relevant laws, regulations, rules and standards applicable to the Services.
3. United and its employees and personnel shall not contract with any other competitor of Chiyoda for the sole purpose of providing advice and guidance for the business with major printer manufacturers only.

Article 3. ₁ Information and Report

During the term of this Agreement, United shall furnish Chiyoda every week and month with periodical report showing United's activity in relation to the Services and other business performed by United with up-to-date forecast for future three (3) months.

2. 千代田がユナイテッドに委託するサービスの内容は以下のとおりとする。

千代田が行う事業決定につきアドバイスもしくは進言し、また主要プリンタ製造メーカーとの営業会議を連絡事務局およびコーディネーターとして設定すること。

3. 千代田はユナイテッドに対して、ユナイテッドから合理的に要求された施設への立ち入り、担当者との面会の機会および千代田の情報をユナイテッドによるサービスの遂行のために提供するものとする。

第2条 最大限の努力

1. ユナイテッドは委託されたサービスをアメリカ合衆国において千代田だけのために専門的見地から、また適時に提供すべく最大限の努力をする。

2. ユナイテッドはそのサービスに適用されるあらゆる関連法規、規則、ルールおよび基準に従わなければならない。

3. ユナイテッドおよびその従業員および人員は、主要プリンタ製造メーカーとの事業についてアドバイスおよび指導を行う目的のもとに、その他の千代田の競業者とは契約しないものとする。

第3条 ①情報と報告

本契約の期間中、ユナイテッドは千代田に対し毎週および毎月、サービスその他の業務に関連する事業活動につき定期報告すると共に将来の3カ月の最新の予測を報告するものとする。

文例10 コンサルタント契約書

Point

①コンサルティング業務に関する定期的な事業報告も重要な契約内容となっています。

Article 4. Remuneration

1. Chiyoda shall remit the amount of United States Dollars Two Thousand (US $2,000.-) at the bank account designated by United as monthly consultant fee.
2. Transportation and other expenses incurred by United with prior consent of Chiyoda in relation to the Services shall be reimbursed by Chiyoda.

Article 5. ₂ Secrecy

1. With respect to any and all information in connection with this Agreement supplied by Chiyoda to United, United shall keep in strict confidence of such information and shall not disclose the same to any third party.
2. Chiyoda shall use information and report furnished by United only for the purpose of its own use.
3. United's obligations herein shall be binding for a period of three (3) years from the date of disclosure by Chiyoda of any said information.

Article 6. Liability

1. United shall not guarantee Chiyoda's business interests, profits or other outcomes resulting from the Services.
2. Neither party shall be liable to the other party for any consequential or indirect damages or expenses suffered by such other party concerning the Services or this Agreement.

第4条　報酬

1. 千代田は月額コンサルタント料として 2000 米ドルをユナイテッドの指
定する銀行口座に送金して支払う。
2. ユナイテッドが千代田の事前の承認を得てサービスに関して負担した
交通費その他の経費については千代田が支払うものとする。

第5条　<u>秘密保持</u>
　　　②

1. 本契約に関連して千代田がユナイテッドに提供した一切の情報につい
て、ユナイテッドは秘密を厳守し、いかなる第三者に対してもこれを
漏らしてはならないものとする。
2. 千代田はユナイテッドから提供された情報および報告をその自らの使
用のためにのみ使用するものとする。
3. ユナイテッドは当該情報が千代田から開示された日から3年間本契約
上の義務に拘束されるものとする。

第6条　責任

1. ユナイテッドはサービスの結果としての千代田の事業利益、利得その
他の結果について保証するものではない。
2. いずれの当事者も他方当事者に対してサービスもしくは本契約に関し
て他方当事者が被った結果損害または間接損害もしくは費用について
責任を負わないものとする。

文例10 コンサルタント契約書

Point

②コンサルティング業務において提供された秘密情報を漏洩しないことは、コンサルタン
トにとって最も重要な義務のひとつです。

Article 7. Assignment

Neither whole of this Agreement nor any part thereof is assignable or transferable by either of the parties without the prior written consent of the other party.

Article 8. Duration

This Agreement shall come into force on the date first above written and remain in force for a period of two (2) years. This Agreement may be renewed by determination of renewal terms and conditions at least one (1) month prior to expiration of the term of this Agreement.

Article 9. Termination

1. Any failure, whether willful, neglect or otherwise, of either party to perform or fulfill any of its duties, obligations or covenants in this Agreement shall constitute a breach on this Agreement. In the event of breach of either party, if the other party makes written notice to request to cure such breach thereof, then if such breach is not cured within thirty (30) days after the effective date of said written notice, the requesting party shall be entitled to terminate this Agreement at any time.
2. Termination of this Agreement under the preceding paragraph 1 shall be without prejudice to any right vested in either party at the date of such termination, and any right and obligation under the provisions of this Agreement shall not be affected by such termination.
3. If this Agreement is terminated before the end of its term, United shall be paid pro rata for each day of providing the Services up to the date of termination.
4. In the event that this Agreement is terminated for any reason, Article 5 (Secrecy) and Article 6 (Liability) shall survive the termination of this Agreement and the parties hereto shall continue to be bound by the terms thereof.

第7条　譲　渡

　　本契約の全部もしくは一部は他の当事者の事前の書面による承諾なくして譲渡してはならない。

第8条　期　間

　　本契約は冒頭の記載日に発効し、2年間有効とする。本契約は期間満了の少なくとも1カ月前に更新条件を決定することにより更新することができる。

第9条　解除

1. 一方の当事者が本契約上の義務ないし約束を故意または過失等により不履行としたときは、本契約に違反したものとみなす。一方の当事者が本契約に違反した場合に、他方の当事者が書面によりその違反を是正するように要求した後その違反が30日以内に是正されないときは、当該当事者はいつでも本契約を解除することができる。
2. 前項により本契約が解除された場合でも、解除時に当事者に与えられていた権利は毀損されず、既に発生した本契約上の権利義務は解除により影響を受けないものとする。
3. 本契約が契約期間満了前に解約された場合には、ユナイテッドには解約日までに提供したサービスについて日割報酬が支払われるものとする。
4. 本契約がいかなる理由により終了したとしても第5条（秘密保持）および第6条（責任）の規定は本契約終了後も存続するものとし、当事者はこれらの条項に引き続き拘束されるものとする。

文例10　コンサルタント契約書

Article 10. Time of the Essence

United agrees that time is of the essence in carrying out its obligations under this Agreement.

In Witness Whereof, the parties hereto executed this Agreement on the day and year first above written.

Chiyoda Printing Co., Ltd.

_____

By: Taro Nakanishi
    President

United Consultants, LLP

_____

By: Ursula Collins
    Partner

第10条　時間の重要性

　　ユナイテッドは本契約の義務の履行にあたり、時間が重要であるこ
とに同意する。

上記の証拠として、当事者は冒頭記載の年月日に本契約に署名した。

　　　　　　　　　　　　千代田プリンティング株式会社

　　　　　　　　　　　　（署名）＿＿＿＿＿＿＿＿＿＿＿＿
　　　　　　　　　　　　中西　太郎
　　　　　　　　　　　　社長

　　　　　　　　　　　　ユナイテッドコンサルタンツ LLP

　　　　　　　　　　　　（署名）＿＿＿＿＿＿＿＿＿＿＿＿
　　　　　　　　　　　　アースラ　コリンズ
　　　　　　　　　　　　パートナー

SERVICE AGREEMENT

THIS SERVICE AGREEMENT is made and entered into as of the 1st day of August, 2020, by and between ;

Five Stars Infant Finery Co., Ltd., a company organized and existing under the laws of the People's Republic of China, having its principal office address at Room 1002, Block 8, No. 600 Canton Road, Shanghai 200011, the People's Republic of China ("Five Stars"); and

Pandra Design Co., Ltd., a company organized and existing under the laws of Japan, having its registered address at 1-4-3 Jingumae, Shibuya-ku, Tokyo 150-0001, Japan ("Pandra").

Five Stars and Pandra may also be referred to herein individually as a "Party" and collectively as the "Parties".

解 説

この文例は、子供服およびアクセサリーを製造する中国のメーカーが、日本の子供服等のデザインを専門とする会社に2021年秋／冬シーズンの子供服等のデザインの制作業務を委託し、これに対してメーカーが業務委託料を支払うという例です。

ある一定の制作物の制作を受託し、制作物を完成させて引き渡し、これに対して報酬の支払いを受けるという点では請負という法的性質の契約形態ともいえます。しかし製品の製造というよりその前段階でのデザイン、制作プランの策定等、役務の提供という広い側面から［文例10］のコンサルタント契約と同様に委任あるいは準委任という法的性質をもった契約ともいえ、業務委託という契約のタイトルは幅広い意味で用いられています。

業務委託契約書

本業務委託契約は 2020 年 8 月 1 日、中華人民共和国の法律に基づいて設立され現存する法人で、その主たる事業所を中華人民共和国（200011）上海市広東路600 号 8 区 1002 室に有するファイブ　スターズ　インファント　ファイナリー　カンパニー　リミテッド（以下「ファイブスターズ」という）と、日本法に基づいて設立され現存する法人で、その登録上の住所を日本国〒 150-0001 東京都渋谷区神宮前 1-4-3 に有するパンドラ・デザイン株式会社（以下「パンドラ」という）との間で締結された。

ファイブスターズとパンドラは、以下単独で「当事者」、まとめて「両当事者」と称して以下のことを証する。

WITNESSETH:

WHEREAS, Five Stars wishes to receive from Pandra, and Pandra is willing to provide Five Stars certain professional services, as an independent contractor (the "Services"); and

WHEREAS, Five Stars and Pandra have agreed that Pandra will provide the Services to Five Stars subject to and in accordance with the terms and conditions set forth herein.

NOW THEREFORE, in consideration of the mutual promises, covenants and conditions herein contained and other good and valuable consideration, the receipt and sufficiency of which are hereby acknowledged, and with the intent to be legally bound, the Parties hereby agree as follows:

1. Scope of Services
   1.1 During the Term (as defined below), Pandra shall perform design of baby and child clothing and accessories as the Services, more precisely specified as follows, subject to and in accordance with the terms hereof.
   a) Preparation of merchandising (MD) plan and schedule
   b) Preparation of image map for each theme
   c) Proposals of 150 designs, materials, colors, design drawings, clothing specifications, and arrangement and preparation of sample materials for 2021 Autumn/Winter season
   1.2 Pandra shall provide the Services and deliver the design works and other relative materials, etc. provided in preceding paragraph 1.1 above in accordance with discussions with Five Stars and subject to Five Stars, selection and approval.

ファイブスターズは独立した受託者としてのパンドラから一定の専門的なサービス（以下「本業務」という）の提供を受けることを希望し、パンドラはファイブスターズに対して本業務を提供する意思がある。

ファイブスターズとパンドラは、以下に定める諸条件に基づきパンドラがファイブスターズに対して本業務を提供することに合意している。

よって両当事者はここで述べられる相互の約束、誓約と条件を約因とし、その他の有効かつ有価な約因に基づき、また法的拘束力を有するものとして以下のとおり合意する。

1.　本業務の内容
　　①
　　1.1　本契約の期間（以下に定義する）中、パンドラは本業務として幼児および子供服ならびにアクセサリーのデザインを以下に詳細に述べるとおり本契約の諸条件に基づき行うものとする。

　　　　ａ）マーチャンダイジングプランおよびスケジュールの作成

　　　　ｂ）各テーマ毎のイメージマップの作成

　　　　ｃ）2021年秋／冬のシーズンに向けた150のデザイン、材料、色、デザイン図面、洋服仕様の提案、およびサンプル材料の手配ならびに作成

　　1.2　パンドラはファイブスターズとの協議に基づき、ファイブスターズによる選択と承認を条件として本業務を提供し、前1.1項に規定されたデザインやその他の材料等を引き渡すものとする。
　　　　②

文例11　業務委託契約書

Point

①業務委託の内容、範囲の明示
　サービスの内容が対価としての報酬の金額と結びつくため特定が必要です。
②業務の成果物としてのデザイン、その他の材料等の引渡しについても受託者は委託者の選択と承認を得て行うことになります。

2. Pandra Undertakings
   ③
   2.1 Pandra hereby undertakes to provide the Services faithfully, and
   to exercise commercially reasonable best efforts in utilizing its
      ④
   abilities, knowledge, time, energy and experience in the
   performance of the Services for Five Stars' benefit.
   2.2 Pandra shall not delegate the Services to any third party or
      ⑤
   contract with any other entity to perform the Services without
   express written approval of Five Stars.

3. Five Stars' Undertakings
   ⑥
   Five Stars hereby undertakes to cooperate with Pandra at all times
   throughout the Term of this Agreement, including without limitation,
   to (i) designate professional employees to receive and implement,
   insofar as necessary, the Services provided by Pandra; (ii) allow
   Pandra's representatives reasonable access to Five Stars' premises as
   well as to pertinent information required for the provision of the
   Services by Pandra; and (iii) provide Pandra with all resources, data,
   information including market trend and relative legal and productive
   requirements to be followed, evaluated and observed by Pandra,
   required from Five Stars to allow Pandra to provide the Services .

2.　③パンドラの責任

2.1　パンドラは誠実に本業務を遂行し、ファイブスターズの利益のために、本業務を遂行するうえで能力、知識、時間、精力および経験を活かして　④商業的に可能な限りの努力を尽くすものとする。

2.2　パンドラはファイブスターズの書面による明確な承諾なしに　⑤本業務を第三者に委託、もしくは他の法人に本業務の遂行を下請させてはならない。

3.　⑥ファイブスターズの責任

　ファイブスターズは本契約期間を通じて常にパンドラと協力して以下を含むがこれに限定されない責任を負う。

（ⅰ）パンドラから提供される本業務に必要な限りこれを受け、履行するための専門的な従業員を指定すること

（ⅱ）ファイブスターズの敷地にパンドラの代表者が合理的な範囲でアクセスするのを許可し、かつパンドラによる本業務の提供に必要な情報を提供すること

（ⅲ）パンドラに対して、パンドラが本業務を遂行するうえでファイブスターズが必要としているすべてのリソース、データ、市場のトレンドを含む情報、パンドラが従い、評価し、遵守すべき法律上および製造上の条件を提供すること

文例11　業務委託契約書

Point

③受託者の義務
　受託者の業務遂行にあたっての注意、指針を規定。再委託は許されるか。

④受託者は本業務を遂行するうえで商業的に可能な限りの努力義務を負うものであって、法的責任を生じさせるような契約上の義務は負わない規定となっています。

⑤委託者にとって本業務は受託者によって遂行されることに意味があるので、委託者としては第三者に委託（再委託）されることは許さないことを強調した表現になっています。

⑥委託者の義務
　受託者に対して業務遂行上どの程度指示、指導するか。業務遂行に必要なデータ、情報等を提供するか。

4. Payment of Service Fee

4.1 In full consideration for the Services provided by Pandra pursuant to this Agreement, Five Stars shall pay Pandra service fee in the total amount of Japanese Yen 6,000,000.- relating to the Services provided or performed by Pandra (collectively, the "Service Fee"). This Service Fee shall be basically calculated by Pandra's standard design fee of Japanese Yen 50,000.- per design; however, such standard design fee for 30 designs (equivalent to Japanese Yen 1,500,000.-) shall be free for the total Services as special discount from the original Service Fee of Japanese Yen 7,500,000.-.

4.2 The Service Fee shall be paid in five (5) installments of Japanese Yen 1,200,000.- each by the end of each month from August to December 2020. Five Stars shall pay the Service Fee by way of direct wire transfer to the bank account designated in writing by Pandra to Five Stars.

4.3 Five Stars shall reimburse Pandra for all travel and accommodation expenses reasonably incurred by Pandra in the performance of the Services except air fare between Tokyo and Shanghai for two trips during the Term (the "Expenses") upon presentation by Pandra of proper documentation and receipts evidencing the Expenses incurred.

4.4 Five Stars shall bear any taxes, fees, shipping, packing and handling costs, governmental charges, excise duty, insurances, currency risks or other charges payable in connection with the provision of the Services hereunder, and Pandra shall be entitled for reimbursement of the same, subject to submission of appropriate invoices or receipts to Five Stars.

4. ⑦業務委託料の支払

4.1 本契約に基づきパンドラが提供する本業務の対価として、ファイブスターズはパンドラに対して、パンドラの提供する本業務の業務委託料総額 600 万円（以下「業務委託料」という）を支払う。この業務委託料は 1 デザインあたり 5 万円のパンドラの標準デザイン料をベースとして算定するが、30 デザイン分の標準デザイン料（150 万円相当分）は無償とし、業務委託料の当初の総額 750 万円から特別値引として差し引くものとする。

4.2 業務委託料は 2020 年 8 月から 12 月まで 5 回に分割して各 120 万円を毎月末日までに、ファイブスターズが、パンドラが書面で指定した銀行口座に送金して支払うものとする。

4.3 ファイブスターズはパンドラに対し、上海、東京間の往復の航空券代を除く、期間中にパンドラが本業務の遂行のために合理的に負担したすべての旅費および宿泊費（以下「経費」という）を、パンドラから負担した費用を明示する適正な書類や領収証の提示を受けて支払うものとする。

4.4 ファイブスターズは、本業務の提供に関して支払うべきすべての税金、手数料、輸送・梱包、取扱い手数料、行政上の料金、消費税、保険料、為替リスクもしくはその他の料金を負担するものとし、パンドラは適切な請求書もしくは領収証をファイブスターズに提出することを条件としてこれらの償還をうける権利を有する。

文例11 業務委託契約書

Point

⑦委託報酬（service fee）
　金額、支払方法の明示。業務の成果物がある場合、その引渡しと支払いを関連づけるか。業務遂行上発生する費用とその負担割合をどうするか。

5. Report

Pandra shall periodically and upon request by Five Stars, prepare and submit to Five Stars in writing, properly in close contact with Five Stars, precise reports concerning the performance of the Services required by this Agreement.

6. Intellectual Property Rights

⑧ Any and all intellectual property rights including copyright of the design made by Pandra and created by deliverables as a result of the Services performed by Pandra shall belong to Pandra. Five Stars may use the design for products manufactured by Five Stars.

7. Term and Termination

7.1 This Agreement shall continue for a period of six (6) months from August 1, 2020 to January 31, 2021 (the "Term"). This Agreement shall be automatically extended for further six (6) months renewal terms unless either Party gives the other Party notice of non-renewal at least thirty (30) days prior to expiration of the original Term or any subsequent renewal term.

7.2 Five Stars may terminate this Agreement, with immediate effect, in the event Pandra fails to render the Services required under this Agreement, or commits a material breach of the Agreement and fails to cure such breach within thirty (30) days of receiving written notice thereof from Five Stars.

7.3 Pandra may terminate this Agreement, with immediate effect, in the event Five Stars fails to pay any amount of the Service Fee or Expenses due under this Agreement, or commits a material breach of the Agreement and fails to cure such breach within thirty (30) days of receiving written notice thereof from Pandra.

5.　報告

　　パンドラは、定期的に、また要求に応じてファイブスターズと適宜密接に連絡をとり、本契約の下で要求される本業務の遂行状況に関する詳細な報告をファイブスターズに対し書面で行うものとする。

6.　⑧知的財産権

　　パンドラによるデザインおよびパンドラが遂行する本業務の結果として派生した創作にかかる著作権を含むあらゆる知的財産権はパンドラに帰属するものとする。ファイブスターズはその製造する商品のためにデザインを使用することができる。

7.　期間及び解除

　　7.1　本契約の期間は 2020 年 8 月 1 日から 2021 年 1 月 31 日までの 6 カ月間（以下「期間」という）とする。本契約は、一方の当事者が他方に対して、当初の、あるいはその後の更新期間満了の少なくとも 30 日前までに、本契約を更新しない旨の意思表示がなされない限り、6 カ月間自動更新されるものとする。

　　7.2　ファイブスターズは、パンドラが本契約に基づき要求される本業務の遂行を怠ったとき、もしくは本契約の重大な違反をし、ファイブスターズから書面による催告の通知を受けたにもかかわらず、30 日以内に当該違反を是正しないときは、直ちに本契約を解除することができる。

　　7.3　パンドラは、ファイブスターズが、本契約に基づく業務委託料または経費の支払いを怠ったとき、もしくは本契約の重大な違反をし、パンドラから書面による催告の通知を受けたにもかかわらず、30 日以内に当該違反を是正しないときは、直ちに本契約を解除することができる。

Point

⑧知的財産権の帰属

委託業務遂行の結果としての成果物に関連して生ずる知的財産権の帰属を明らかにします。

7.4 Without prejudice to any right or remedy under applicable law, either Party shall have the right to terminate this Agreement with immediate effect (i) upon the other Party's insolvency, dissolution or cessation of business operations; (ii) if the other Party files a petition in bankruptcy or if a petition in bankruptcy is filed against it and such petition is not withdrawn for a period exceeding thirty (30) days; or (iii) if the other Party makes an assignment for the benefit of any of its creditors or similar arrangement pursuant to any bankruptcy law (or similar law of an applicable jurisdiction).

8. Consequences of Termination

Upon the expiration or termination of this Agreement in accordance with its terms, Pandra shall return to Five Stars all proprietary information received from Five Stars during the Term or in connection with this Agreement, make no further use of such proprietary information, keep such proprietary information in secret and shall not disclose such proprietary information to any third party without prior written consent of Five Stars. In the event that this Agreement is terminated due to Five Stars' faults, Five Stars shall not use all design documents, information and other materials acquired or prepared by Pandra in connection with the Services rendered hereunder.

9. Non Assignment

Neither Party shall assign, transfer, or sell any of its rights pursuant to this Agreement, or delegate any of its duties pursuant to this Agreement, without prior express written consent of the other Party. Any attempted assignment, transfer, sale or delegation in violation of this Agreement shall be null and void.

7.4　いずれの当事者も、他の権利または適用される法律による救済手段を失うことなく、以下の場合、直ちに本契約を解除する権利を有する。

（ⅰ）他方当事者が支払不能、解散もしくは事業活動を停止した場合

（ⅱ）他方当事者が破産を申し立て、もしくは破産の申し立てを受け、かかる申し立てが 30 日間を超えても取り下げられない場合

（ⅲ）他方当事者が債権者の利益のために譲渡し、もしくは破産法（または裁判管轄地における類似の法律）の管理下に入った場合

8.　契約終了後の措置⑨

本契約が諸条件に基づき期間満了もしくは解除により終了した場合、パンドラはファイブスターズに対して期間中ファイブスターズから受領した、もしくは本契約に関するすべてのその所有する情報を返還し、これら所有する情報を使用せず、これを秘密として保持し、ファイブスターズの事前の書面による同意がない限り第三者に開示しないものとする。本契約がファイブスターズの不履行により解除された場合には、ファイブスターズは本契約の下で本業務に関してパンドラが取得し、もしくは作成したすべてのデザイン書類、情報その他の材料を使用することはできないものとする。

9.　譲渡禁止

いずれの当事者も他方当事者の書面による明確な事前の同意なしに本契約に基づくすべての権利の譲渡、移転、売却もしくは本契約に基づく義務の委任はしないものとする。本条項に違反して企図された譲渡、移転、売却または委任は無効とする。

文例11 業務委託契約書

Point

⑨契約終了後の措置

契約の終了後における、提供されたデータ、情報等の返還、成果物等の取扱いを明記します。

IN WITNESS WHEREOF, the Parties have caused their duly authorized representatives to execute this Agreement as of the date first written above.

Five Stars Infant Finery Co., Ltd. Pandra Design Co., Ltd.

By: _____ By: _____
Name: Frank Wang   Name: Masako Sasaki
Title: Managing Director   Title: President & CEO

上記の証拠として、本契約の当事者はその正当に授権された代表者によって冒頭に記載された日付で本契約に署名した。

ファイブ　スターズ　インファント　　　パンドラ・デザイン株式会社
ファイナリー　カンパニー　リミテッド

（署名）_____　　　（署名）_____
名前：フランク・ワン　　　　　　　　　名前：佐々木　雅子
肩書：マネージング　ダイレクター　　　肩書：業務執行社長

EMPLOYMENT AGREEMENT

THIS EMPLOYMENT AGREEMENT made and entered into the 10th day of January, 2020 by and between Y&Z Manufacturing Co., Ltd. having its registered office at 2-13-3 Shinyokohama, Kohoku-ku, Yokohama City, Kanagawa Pref. 222-0033, Japan (hereinafter called "Y&Z") and Mr. David Chan, a Chinese citizen having his residence at 4-6-11-1501 Yamashitacho, Naka-ku, Yokohama City, Kanagawa Pref. 231-0023, Japan (hereinafter called "Employee").

WITNESSETH:

WHEREAS, Y&Z desires to employ Employee as its production manager at Y&Z factory and Employee desires to undertake such duties in such capacity.

NOW THEREFORE, the parties hereto agree as follows:

解説

この文例は、LED製品を製造する日本のメーカーが、日本に居住する中華人民共和国国籍の個人に一定期間製造部門のマネージャーとして工場で勤務してもらうために雇用する例です。

わが国の労働力不足が深刻化した今日において外国人労働者受入れ制度が見直され、専門的な技術、知識、技能を有する多くの外国人労働者が日本企業に雇用されるようになってきています。雇用契約は使用者に対し労働者が労働を継続的に供給する契約であり、使用者から労働者を保護するため、多くの国で強行法規としての労働関連法規が適用され、雇用契約の内容に法的制限を加えています。

文例
12 対 訳

雇用契約書

本雇用契約は、2020年1月10日、日本国〒222-0033神奈川県横浜市港北区新横浜2-13-3に登録上の住所を有するＹ＆Ｚマニュファクチュアリング株式会社（以下「Ｙ＆Ｚ」という）と日本国〒231-0023神奈川県横浜市中区山下町4-6-11-1501に居住する中国籍のデイビッド・チャン（以下「従業員」という）との間で締結され、以下のことを証する。

Ｙ＆Ｚは、Ｙ＆Ｚの工場のプロダクションマネージャーとして従業員を雇用することを希望し、従業員はその地位で職務を行うことを希望している。

よって両当事者は以下のとおり合意する。

本文例では、準拠法に関する定めはありませんが、日本のメーカーが外国人を日本国内で雇用することを想定して、労働関連法規を中心とした日本法の適用を前提としています。

日本の外資系の会社が日本人ないし外国人を雇用する場合、労働契約の成立と効力については、本国である外国の法律が準拠法とされる場合も多く見うけられます。労働者保護の目的から、法の適用に関する通則法第12条により、労働者の最密接関係地法は「労務を提供すべき地の法」と推定され、この法律以外の法を準拠法として選択した場合であっても、その契約の成立と効力について、当該労働者が労働契約の最密接関係地法中の、特定の強行規定に基づく特定の効果を受ける意思を表示することにより保護される場合があることに留意する必要があります。

また、労働者が事業主である会社に対して訴える個別労働関係民事紛争については民事訴訟法第3条の4第2項により労働契約における労務提供に裁判管轄が認められ、労務提供地が日本である場合は日本の裁判所が国際裁判管轄を有することが明記されています。

Article 1. Duties
①

Y&Z hereby employs Employee as its production manager and Employee agrees to undertake and perform such duties to the best of his abilities. Employee's duties, working days and hours, days off, shifts and other
② working terms and conditions in such capacity shall be separately determined by Y&Z.

Article 2. Working

Employee shall, during his designated working hours, devote his best attention and energy to the business and best interests of Y&Z. Employee shall comply with the Employment Rules, including any amendment thereto that may be made from time to time, orders, directions and instructions of Y&Z, and shall not impair Y&Z's reputation or trust.
Employee shall perform the duties provided in Article 1 hereof at Y&Z factory or other office to be designated by Y&Z and shall, periodically and at any time requested by Y&Z, inform them of such performance of duties by telefax, telephone or other communications.

第1条（ ①職務）

Y＆Zは従業員をプロダクションマネージャーとして雇用し、従業員はその最大限の能力をもってその職務を行うものとする。 ②従業員の職務、就業日、就業時間、休日、シフトおよびその地位におけるその他の諸条件については別途Y＆Zが取り決めるものとする。

第2条（勤務）

従業員は指定された就業時間中、Y＆Zの業務にすべての注意および精力を充てY＆Zの最大限の利益のために従事するものとする。従業員は、随時改訂されるものを含む就業規則ならびにY＆Zの命令、指揮および指示を遵守するものとし、Y＆Zの名声または信用を毀損してはならない。

従業員はY＆Zの工場またはY＆Zが指定するその他の事務所で第1条記載の職務を遂行するものとし、Y＆Zに対し、定期的にかつ要求があるときはいつでもファクシミリ、電話、その他の通信手段によりその職務の遂行状況を通知するものとする。

Point

①労働者の雇用条件の明示

労働基準法において使用者は労働契約締結に際して賃金、労働時間その他の労働条件を明示することが義務づけられています（労働基準法第15条）。

②ここでは従業員をプロダクションマネージャーとして雇用することのみが明らかになっており、職務内容、就業日、就業時間、休日、シフト等の労働条件は別途使用者が取り決める内容となっていますが、この他にも賃金の決定方法、昇給、所定労働時間を超える労働の有無、超過勤務手当、休憩時間等労働条件の詳細についてはこの契約書中で規定したり、別途雇用条件書を作成し、合意しておくなどその内容を明らかにしておくことが必要となります（労働基準法第15条）。

Article 3. Compensation

Y&Z agrees to pay Employee ③ a salary of seven million two hundred thousand yen (¥7,200,000.-) per year during the term of this Agreement, payable in twelve (12) equal monthly installments on or before the end of each month. Such salary shall be deemed exclusive of expenses incurred in the necessary running of his duties. Employee's salary shall be adjusted by mutual agreement between Employee and Y&Z at the beginning of renewal term of this Agreement according to such factors as changes in the nature and cost of his performance. In addition to the salary, Y&Z shall provide the following fringe benefits to Employee:

a) premium for retirement pension insurance in the amount agreed upon between the parties;

b) premium for medical insurance in the amount agreed upon between the parties; and

c) annual leave of fourteen (14) days after his six (6) months employment, provided Y&Z may refuse his request for annual leave on a certain day if the Employee's presence at Y&Z is reasonably required for the benefit of Y&Z on such day.

Article 4. ④ Term

1. This Agreement shall be effective for a period of one (1) year from the date hereof. Provided, however, the initial three (3) months of the term shall be deemed a probationary period and Y&Z may terminate this Agreement during such term without cause (i) upon thirty (30) days prior written notice to the Employee or (ii) upon immediate written notice to the Employee and payment to the Employee of an amount equivalent to thirty (30) days of his salary.

2. This Agreement shall thereafter automatically be extended for a period of consecutive one (1) year terms unless terminated by either party giving a sixty (60) day prior written notice at the end of any such one (1) year term.

3. The renewal of the term provided in the preceding paragraph shall not exceed three (3) times.

第3条（賃金）

Y＆Zは従業員に対して、　本契約の期間中720万円の年俸を12回に均等分割して毎月末日までに支払うものとする。この給与には職務の遂行に必要な経費は含まれないものとする。従業員の給与は本契約の更新の当初において職務の遂行状況および費用の変更等の要因に従って、従業員とY＆Zとの双方の合意により調整するものとする。Y＆Zは従業員に対して、給与に加えて以下の賃金外給付を与えるものとする。

a）当事者間で合意した金額の退職年金保険料

b）当事者間で合意した金額の医療保険料

c）6カ月の雇用期間終了後に年間14日間の有給休暇。但し、Y＆Zは、その業務のために従業員が当該申請日に勤務することが合理的に必要とされる場合には、当該日についての有給休暇の申請を拒否することができる

第4条（　期間）

1. 本契約の期間は本契約日から1年間とする。但し、最初の3カ月間は試用期間とし、その期間中Y＆Zは理由の有無にかかわらず、(i) 従業員に対して30日前の書面による事前通知、もしくは (ii) 30日分の解雇予告手当を従業員に支払い、即時に書面で通知することによって本契約を解除することができる。

2. 本契約は1年の期間満了の60日前までに当事者のいずれか一方から書面で解約の申し出がない限り、更に1年間自動的に更新されるものとする。

3. 前項の期間の更新は3回を超えないものとする。

Point

③賃金の明示

　文例では、賃金、退職年金、医療保険、有給休暇については規定していますが、その他の労働時間、休日、退職等の雇用条件については別途当事者間で協議して取り決めるものとしています。本契約の賃金は年俸で、春季、冬季の賞与（ボーナス）の支給はない例となります。

④契約期間

　労働基準法第14条では期間の定めのないものを除き、契約期間は原則として最長3年間としています。文例では期間を1年間とし、期間満了の60日前までに更新を拒絶する通知がなされない限り1年間の自動更新としていますが、労働契約法第19条の雇止めに関するトラブルを防止するために更新回数を3回を限度として規定しています。

Article 5.　Termination
_⑤

1. In case of Employee's breach of this Agreement or failure to perform his duties, Employee's illness or incapacity, conviction of criminal offence, illegal or unethical conducts, or for any cause similar thereto, Employee's employment hereunder may be terminated by Y&Z by notice to the Employee at any time.
2. This Agreement shall terminate automatically upon expiration of the term without renewal, Y&Z's approval upon the Employee's request of resignation or the death of Employee.
3. Y&Z shall have the right to terminate this Agreement without cause;
   a) upon thirty (30) days prior written notice to the Employee; or
   b) upon immediate written notice to the Employee together with payment of an amount equivalent to thirty (30) days of his salary.

第5条（⑤終了）

1. 従業員の本契約違反、職務怠慢、病気、就労不能、刑事事件の有罪判決、違法行為、倫理違反その他これらに類似する事由があったときは、Y＆Zは従業員に通知することによりいつでも雇用を終了することができる。

2. 本契約は、更新されることなく期間が満了したとき、従業員の退職願いをY＆Zが承認したとき、または従業員が死亡したときに自動的に終了する。

3. Y＆Zは理由の有無にかかわらず、

    a）従業員に対する書面による30日前の事前通知、もしくは

    b）従業員に対する30日分の解雇予告手当の支払いおよび書面による即時通知をもって本契約を終了する権利を有する。

文例12　雇用契約書

Point

⑤契約終了事由

　労働契約の終了事由として、文例のような期間の定めのある契約における期間満了の他に、労働者の義務違反、刑事判決を受けたこと、違法行為、倫理違反等を理由とする解雇、退職届の承認等を規定。

　普通解雇については文例では労働基準法第20条の解雇予告に関する規定としましたが、労働契約法第16条により解雇には「正当事由」が実務上必要となります。

Article 6. Confidential Information and Trade Secrets

Employee hereby acknowledges that all technology, know-how, inventions, patents, trade secrets and other confidential and proprietary information made, conceived and received by Employee resulting from access to the business of Y&Z shall be the exclusive property of Y&Z and shall be disclosed by the Employee fully and promptly to Y&Z.

Employee agrees to treat as strictly confidential and not to disclose to any third party said confidential and proprietary information and materials in the nature of trade secrets with which he may have or might in the future come into contact. Employee shall return to Y&Z all materials in his possession pertaining to such information, materials and documents which deem necessary to adequately reflect and protect Y&Z's ownership thereof in any jurisdiction upon termination of this Agreement. This provision shall survive the termination of this Agreement.

Provided these non-disclosure obligation shall not apply to such confidential information, materials or documents that are publicly available at the time of receipt by the Employee or which become publicly available after such receipt by the Employee through no fault of the Employee.

Article 7. Non Competition

While employed by Y&Z , Employee shall not directly or indirectly engage in any other work or employment, with or without any compensation, such as an investor, employer or advisor of another business competing with the business of Y&Z of which Employee has received any proprietary or confidential information anywhere in Japan or any other country.

第6条（<u>秘密情報および営業秘密</u>）
⑥

従業員はY＆Zの事業にアクセスする結果として生じ、知り、もしくは受領したすべての技術、ノウハウ、発明、特許、営業秘密およびその他の秘密かつ専有情報はY＆Zの独占的な財産であり、従業員からY＆Zに対してそのすべてを速やかに開示することを認める。

従業員は現在保有する、または将来得るであろうかかる秘密かつ専有情報および営業秘密にかかる資料について厳に秘密を保持し、いかなる第三者に対してもこれらを開示しないものとする。従業員は本契約終了時にY＆Zの所有であることがどの管轄地の下でも適切に表示され、保護される必要がある情報、資料および文書であって従業員の占有下にあるすべての資料をY＆Zに返還するものとする。本条項は本契約終了後も存続するものとする。

但し、この秘密保持義務は従業員が受領した時点で公知であったか、もしくは従業員の過失によることなくその後に公知となった秘密情報、資料または文書については適用されないものとする。

第7条（<u>競業禁止</u>）
⑦

従業員はY＆Zに雇用されている期間中、直接か間接かを問わず、また報酬の有無にかかわらず、従業員が日本またはその他の外国において受領したY＆Zの秘密または専有情報に関わる事業と競合する他の事業の投資家、雇用主、アドバイザーとして雇用されたり、他の業務をしたりしてはならない。

文例12　雇用契約書

Point

⑥秘密保持
　工場に勤務する労働者の会社情報を中心とした秘密情報の保持義務を規定。

⑦競業禁止
　労働者の雇用期間中の競業のみを禁止。
　期間終了後の競業を長期にわたり禁止することは職業選択の自由を奪うことになり、合理性がなく無効とされる可能性があります。
　対象業務を特定したり、在職中に開発手当等何らかの代償が支払われたりしている場合は限定した期間（例えば1〜2年間）、退職後の競業を禁止することが許容される場合があります。

Article 8. Visa Status
(8)

1. Employee shall be solely responsible to maintain a proper immigration status under the relevant laws of Japan to perform his duties provided in this Agreement and submit proof of such status by providing copy of his visa or other work permission.
2. In the event the Employee's working visa or permission to stay is not approved, refused, withdrawn or failed to be renewed in accordance with the relevant laws of Japan, this Agreement shall be immediately terminated by Y&Z.

Article 9. Binding Effect

This Agreement shall be binding upon and shall inure to the benefit of the parties hereto and may not be modified except by written agreement to be executed by the parties hereto.

IN WITNESS WHEREOF, the parties have executed this Agreement as of the day and year first above written.

Y&Z Manufacturing Co., Ltd.

_____

By: Toshihiko Maezono
President & CEO

_____

By: David Chan

第8条（ 在留資格）
　⑧

1. 従業員は本契約に基づく職務を遂行するために関連する日本の法律に基づき適切な在留資格を保持することにつき全責任を負うものとし、ビザもしくは就労許可証の写しをかかる資格の証明として提出しなければならない。

2. 従業員の就労ビザもしくは滞在許可が関連する日本の法律に基づき承認されなかったとき、拒絶されたとき、取り消されたとき、もしくは更新されなかったときは、Ｙ＆Ｚは直ちに本契約を解除するものとする。

第9条（法的拘束力）
本契約は両当事者を拘束し、その利益に帰するものであり、両当事者の書面による合意によらなければ変更されないものとする。

上記の証として、各当事者は冒頭記載の日をもって本契約書に署名した。

Ｙ＆Ｚマニュファクチュアリング株式会社

（署名）
前園　敏比古
業務執行社長

（署名）
デイビッド・チャン

文例12 雇用契約書

Point

⑧ビザ・就労許可
　外国人が労働者である場合、在留資格および就労許可が入国管理局から与えられているかチェックする必要があります。

LICENSE AGREEMENT

THIS AGREEMENT, made and entered into this 15th day of October, 2020 by and between MNS Co., Ltd., a corporation duly organized and existing under the laws of Japan, and having its principal business office at 5-5-5 Hongo, Bunkyo-ku, Tokyo 113-0011, Japan (hereinafter refered to as "Licensor") and OPQ & Co., a corporation duly organized and existing under the laws of the State of Delaware, and having its principal business office at 456 Madison Avenue, New York, NY 10000, USA (hereinafter refered to as "Licensee").

WITNESSETH:

WHEREAS, Licensor is engaged in manufacture and sale of printers and other relative products and possesses certain patents relating to manufacturing technology for such printers; and

WHEREAS, Licensee desires such license from Licensor under Licensor's patents to permit it to manufacture and sell certain products in certain territory, which license Licensor is willing to grant under the terms and conditions hereinafter set forth;

NOW THEREFORE, in consideration of the mutual covenants and obligations herein contained, Licensor and Licensee agree as follows;

Article 1. Definitions

As used in this Agreement, the following terms shall have the following meaning:

解 説

この文例は、日本のメーカーが特許を保有する製品を製造する技術を、アメリカの会社にライセンス許諾する文書です。

対　訳

ライセンス契約書

本契約は、2020 年 10 月 15 日、日本法に基づいて正当に設立され現存する法人で、その主たる営業所を日本国〒 113-0011 東京都文京区本郷 5 丁目 5 番 5 号に有する株式会社 MNS（以下「ライセンサー」という）と、アメリカ合衆国デラウェア州法に基づいて正当に設立され現存する法人で、その主たる営業所をアメリカ合衆国ニューヨーク州ニューヨーク、マジソンアヴェニュー 456 番地（郵便番号 10000）に有する OPQ アンドカンパニー（以下「ライセンシー」という）との間で締結され、以下のことを証する。

ライセンサーは、プリンタおよび関連製品の製造販売に従事するものであり、そのプリンタ製品の製造技術に関連する一定の特許を保有している。
ライセンシーは、一定の地域においてライセンサーの特許に基づき一定の製品を製造および販売することをライセンシーに許可する実施権をライセンサーから取得することを希望しており、ライセンサーは、かかる実施権を以下に定める諸条件に基づき許諾する意思がある。
よって、ライセンサーとライセンシーは相互の約束と義務を約因として、以下のとおり合意する。

第 1 条　定　義
　　本契約中にて使用される下記の用語は、下記の意味を有するものとする。

1) "Products" shall mean those products to be licensed hereunder and described in Appendix 1 attached hereto.
2) "Patents" shall mean the registered patents and patent applications described in Appendix 2 attached hereto insofar as they apply to Products.
3) "Net Sales Price" shall mean the invoiced price on a sale of Products by Licensee in the Territory defined hereinafter, less consumption, sales or value added taxes, inspection costs, packing costs, transportation costs, storage costs, insurance costs if insured, credit on Products returned, and the usual trade discounts.
4) "Subsidiary" shall mean any corporation at least fifty percent (50%) or more of whose capital stock is owned and controlled, directly or indirectly, by each party hereto.
5) "Territory" shall mean only the United States of America and Canada.

Article 2. Grant of License
2.1. Licensor hereby grants to Licensee during the term of this Agreement an exclusive license to manufacture, use and sell Products under Patents presently owned or controlled by Licensor in Territory and a non-exclusive right to sell Products outside Territory.
2.2. During the term of this Agreement or extension thereof, if any, and for three (3) years thereafter, Licensee shall not manufacture any other products that are the same as, similar to, or competitive with Products.

1) 「本製品」という用語は、本契約に基づき許諾され、本契約添付付属書
1 に記載される製品を意味するものとする。

2) 「特許」という用語は、本製品に適用される限り、本契約添付付属書2
に記載される登録された特許および出願中の特許を意味する。

3) 「正味販売価格」という用語は、以下に定義される契約地域でのライセ
ンシーによる本製品の販売におけるインボイス価格から、消費税、物
品販売税、付加価値税、検品費、梱包費、運送費、保管費、付保され
た場合の保険料、返品された本製品に対する代金額、ならびに通常の
割引金額を差し引いた価格とする。

4) 「子会社」という用語は、各当事者が直接または間接にその株式資本の
少なくとも 50% 以上を所有し、かつ支配している法人をいう。

5) 「契約地域」という用語は、アメリカ合衆国およびカナダのみを意味す
る。

第 2 条　①実施権の許諾

2.1.　ライセンサーはライセンシーに対して、契約地域においてライセン
サーが現在保有または支配する特許に基づいて、本製品を製造、使用
および販売する独占的実施権ならびに契約地域外において本製品を販
売する非独占的な販売権を本契約期間中許諾する。

2.2.　本契約期間中またはこれが延長されたときは延長期間中およびその
後の 3 年間、ライセンシーは、本製品と同種、類似または競合するい
かなる他の製品も製造してはならない。

Point

①この条項では契約地域（テリトリー）内では製品を製造、使用、販売する独占的な権利を、
契約地域外では製品を販売する非独占的な権利をそれぞれ許諾する内容が規定されてい
ます。"exclusive license" は独占的実施権と訳されていますが、日本において特許庁
にその設定を登録しないと効力が発生せず、かつ実施権者（licensee）に許諾した場合
は、特許権者であるライセンサー（licensor）自らも実施したり、第三者に実施許諾で
きないことを内容としたりする特許法上の「専用実施権」とは異なります。この「専用
実施権」を許諾する場合には「Senyo Jissiken」という日本の特許法上の用語を用い
て許諾態様を明示しておく必要があります。

2.3. No license or sublicense, expressed or implied, shall be granted to any person, firm or corporation except Subsidiary of each party hereto.

Article 3. Technical Information

3.1. Licensor shall promptly disclose to Licensee in such detail as is reasonably necessary to enable Licensee to make effective use thereof, all improvements and developments of Products, whether patentable or unpatentable.

3.2. Licensor shall furnish to Licensee all information necessary or useful for manufacture, sale and service of Products.

Article 4. Technical Guidance

4.1. Upon request of Licensee made to Licensor to send engineer(s) of Licensor (hereinafter referred to as "Engineer") and Licensor deems it effective and necessary to send Engineer in order to fulfill the purpose of this Agreement, Licensor shall comply with such Licensee's request, and shall send Engineer to give technical guidance to Licensee under the following conditions:

1) Travel and accommodation expenses:

Licensee shall bear Engineer's round trip air fare in business class from Tokyo to New York and accommodation expenses at international class hotel in New York and other out-of-pocket expenses.

2) Daily allowance:

Licensee shall bear daily allowance of twenty thousand (20,000) Japanese Yen.

3) Period of guidance:

The period of guidance by Engineer shall be separately decided upon negotiations between Licensor and Licensee.

2.3.　明示または黙示を問わず、いかなる実施権または再実施権も、各当事者の子会社を除く個人、会社または法人に対して許諾されないものとする。

第3条　技術情報

3.1.　ライセンサーはライセンシーに対し、本製品のすべての改良および開発について、特許性の有無にかかわらず、速やかにライセンシーが有効に活用できるようにその詳細を開示するものとする。

3.2.　ライセンサーはライセンシーに対し、本製品の製造、販売およびサービスに関する必要または有益なすべての情報を提供する。

第4条　技術指導

4.1.　ライセンサーがライセンサーの技術者（以下「技術者」という）を派遣することをライセンシーから要求され、ライセンサーが本契約の目的を遂行するために技術者を派遣することが効果的かつ必要とみなす場合、ライセンサーは、以下の諸条件に基づきライセンシーの要求に応え、技術指導をライセンシーに与えるために技術者を派遣するものとする。

1）旅費、宿泊費

ライセンシーは、技術者の東京からニューヨークまでのビジネスクラスの往復航空運賃およびニューヨークでの国際級ホテルの宿泊費ならびにその他に出費した雑費を負担しなければならない。

2）日当

ライセンシーは2万円の日当を負担しなければならない。

3）指導期間

技術者の指導期間は、ライセンサーとライセンシー間の交渉で別途決定される。

4.2. The working days of Engineer shall be five (5) days a week, and their working hours shall not exceed seven (7) hours a day and shall include not less than one (1) hour's rest. In case Engineer accepts Licensee's request to work more than said working hours or after normal business hours, Licensee shall pay Engineer a reasonable extra overtime allowance.

Article 5. Procurement of Parts and Materials

Licensee shall, ②in order to maintain the quality and specification of Products, purchase from Licensor or its designated supplier(s) parts and materials that Licensee is unable to procure in Territory. Licensor shall supply such parts and materials on favorable and advantageous conditions as practically as possible to Licensee.

Article 6. ③Royalty

6.1. For all the rights, license and the technical guidance provided hereunder by Licensor to Licensee, Licensee shall pay to Licensor an initial license fee of ten million (10,000,000) Japanese Yen which shall be payable within thirty (30) days after the execution of this Agreement.

6.2. Licensee shall further pay to Licensor, during the term of this Agreement and any renewal terms thereof, a running royalty of five percent (5%) of Net Sales Price of Products sold, used, and distributed hereunder.

4.2.　技術者の労働日数は、1週5日間とし、その労働時間は、1日7時間を超えないものとし、1時間以上の休憩を含むものとする。技術者が労働時間を超過してまたは業務時間外に勤務することにつきライセンシーの要求を承諾する場合、ライセンシーは技術者に対し相当額の超過勤務手当を支払わなければならない。

第5条　部品および原材料の調達

　　ライセンシーは、②本製品の品質および仕様を維持するために、契約地域においてライセンシーが調達できない部品および原材料をライセンサーまたはその指定する供給業者から購入するものとする。ライセンサーは、できる限りライセンシーに便宜を図った有利な条件で当該部品および原材料を提供しなければならない。

第6条　③ロイヤルティ

6.1.　本契約に基づいてライセンサーからライセンシーに対して提供されるすべての権利、ライセンスおよび技術指導の対価として、ライセンシーは、日本円で1000万円のイニシャル・ライセンス料を本契約締結後30日以内にライセンサーに支払うものとする。

6.2.　ライセンシーは、さらに本契約期間中およびその更新期間中、本契約に基づいて販売、使用、頒布される本製品の正味販売価格の5%のランニング・ロイヤルティをライセンサーに支払わなければならない。

Point

②ライセンス許諾製品を製造するための原材料および部品について、何ら正当な理由なくライセンサーから購入する義務を課すことは、不公正な取引方法にあたるものとして独占禁止法上問題となる場合があるため、製品の品質と仕様を満たすという目的や契約地域内でライセンシーが調達できないという条件を明記しています。

③ここでは1項で一時金（lump sum）として支払われるイニシャル・ライセンス料（initial license fee）、2項で製造販売量に応じて継続的に支払われるランニング・ロイヤルティ（running royalty）、3項で最低支払保証の意味をもつ最低実施料（minimum royalty）がそれぞれロイヤルティ（実施料）として規定されています。

6.3. If the aggregate amount of running royalty payable by Licensee to Licensor in accordance with the preceding paragraph 6.2 above shall be less than eight million (8,000,000) Japanese Yen in each year, commencing with the second contract year of this Agreement, Licensee shall pay to Licensor within thirty (30) days from the expiration of each such year such a sum so that the total of the running royalty paid or payable to Licensor for such year to be as a minimum royalty of eight million (8,000,000) Japanese Yen in total for such year, without any deductions whatsoever.

Article 7. Payment

7.1. The running royalty referred to in Article 6.2 hereof shall be paid quarterly, for the three (3) month period ending with the last day of March, June, September and December of each year, on or before the last day of April, July, October and January of each year respectively.

7.2. All payments shall be made in Japanese Yen and by wire transfer to the bank account in Japan designated by Licensor.

7.3. Licensee may ₍₄₎ deduct withholding tax from the license fee and royalties payable to Licensor and shall send to Licensor a tax certificate showing the payment of such tax for the purpose of Licensor's tax relief.

6.3.　ライセンシーからライセンサーに前項に基づき支払われるべきランニング・ロイヤルティの合計金額が本契約の第2契約年度に始まる各年度において800万円に達しない場合、ライセンシーは当該各年の満了から30日以内に、当該年度に対してライセンサーに支払われたかまたは支払われるべきランニング・ロイヤルティ総額が何ら減額されることなく、合計で当該年度に対する800万円の最低実施料額となるような額をライセンサーに支払わなければならない。

第7条　支　払

7.1.　本契約第6.2条にいうランニング・ロイヤルティは、各年の3月、6月、9月および12月の末日に終了する3カ月の期間につき、各年のそれぞれ4月、7月、10月および1月の末日またはそれ以前に四半期毎に支払わなければならない。

7.2.　すべての支払いは、ライセンサーが指定する日本の銀行口座に対して日本円で電信送金により行われなければならない。

7.3.　ライセンシーはライセンサーに支払うべきライセンス料およびロイヤルティから　源泉所得税を控除することができ、ライセンサーに対して当該源泉所得税の支払いを示す納税証明書をライセンサーの税の軽減のために送付するものとする。

Point

④ロイヤルティに対して課される源泉所得税（withholding tax）を支払った事実をライセンサーが日本の税務当局に証明し、日本で二重に課税されることを防止するため、日米租税条約の定める軽減税率の適用が受けられるようライセンシーは租税条約に基づく届出書を提出し、支払った税額の納税証明書（tax certificate）をライセンサーに送付します。

文例13 ライセンス契約書

Article 8. ⑤ Report and Record

8.1. Licensee agrees to make a written report to Licensor within thirty (30) days after the end of each calendar quarter, such quarter being each three (3) month period ending with the last day of March, June, September and December following the date of execution of this Agreement and each calendar quarter thereafter during the term of this Agreement, showing the number, description, and Net Sales Price of Products sold or otherwise disposed of and the amount of running royalty under the license granted herein during the preceding calendar quarter.

8.2. Licensee shall keep full, clear and accurate files, books and records of account containing all the data required for full computation and verification of the amounts to be paid and the information to be given in the statements provided for herein. Licensee shall, during normal business hours, permit Licensor or its accredited representatives to examine and audit all such books and records for the sole purpose of determining the license fee and royalties payable to Licensor under this Agreement.

8.3. Licensor shall have the right to have such audit made at Licensor's expense by independent certified public accountants designated by Licensor.

8.4. Such books and records shall be maintained for a period of three (3) years following the end of each contract year.

第8条　⑤報告および記録

8.1.　ライセンシーは、本契約の締結日後の3月、6月、9月および12月の末日に終了する3カ月間である各四半期およびそれ以後の本契約期間中の各四半期の終了後30日以内に書面による報告をライセンサーに行うことに同意し、各報告書には先の四半期中に本契約に基づき許諾された実施権に基づき販売またはその他処分された本製品の数量、種類、正味販売価格およびランニング・ロイヤルティを記載する。

8.2.　ライセンシーは、本契約に基づき支払われる金額の計算と、提出される計算書を確認するために要求される全データを含む完全、明瞭かつ正確なファイル、記録および会計帳簿を保持するものとする。ライセンシーは、本契約に基づきライセンサーに支払われるライセンス料およびロイヤルティ額を決定することだけを目的として、通常の営業時間中に、ライセンサーまたはその信任する代理人に対し上記のすべての記録および会計帳簿を検査および監査することを許可する。

8.3.　ライセンサーは自らの費用負担でその指定する独立の公認会計士に上記の監査を行わせる権利を有する。

8.4.　この記録および会計帳簿は各契約年度終了後3年間保持するものとする。

Point

⑤ロイヤルティの支払いの基礎となる製品販売数量を詳細に把握することは、ライセンサーにとっては極めて重要であり、その数量を把握するためにライセンサーに会計帳簿や記録を検査、監査する権利が与えられています。

Article 9. Improvement

Licensee shall furnish to Licensor any information on all inventions, innovations and improvements in Products owned, acquired, or controlled by Licensee during the term of this Agreement. Licensee agrees that it shall grant to Licensor ₍₆₎ a non-exclusive and royalty-free license with the right to grant sublicense to manufacture, use, and sell Products outside Territory during the term of this Agreement.

Article 10. Warranties Regarding Patents

10.1. Licensor shall assume no liability whatsoever for infringement of patents owned or controlled by third parties by reason of Licensee's manufacture, use and/or sale of Products under this Agreement.

10.2. Licensee shall inform Licensor promptly of any suit, action or claim relating to Patents bearing the right to sell any of Products covered by this Agreement and should the Licensor so wish, Licensor may at their own expense join in the defense or prosecution of any such suit, actions, claim or claims.

10.3. Licensee agrees not to contest, nor to assist others in contesting the validity of any of the Patents or Patent rights as to which rights are granted hereunder, directly or indirectly in any country throughout the world during the term of this Agreement or any extension thereof.

第9条　改　良

　　ライセンシーは、本契約期間中ライセンシーにより保有され、取得され
または支配される本製品に関するいかなる発明、考案または改良に関する
情報もライセンサーに提供する。ライセンシーは、本契約期間中契約地域
外にて本製品を製造、使用および販売する再実施権を許諾する権利付の、
⑥<u>非独占的かつロイヤルティ無償の実施権</u>をライセンサーに付与すること
に同意する。

第10条　特許の保証

10.1.　ライセンサーは、ライセンシーが本契約に基づき許諾された本製品
　　　の製造・使用・販売によりたとえ第三者の所有または支配する特許を
　　　侵害したとしても、その責任は負わないものとする。

10.2.　ライセンシーは、本契約のもとで本製品を販売する権利を有する特
　　　許に関する訴訟、法的手続もしくは請求が提起されたときは、遅滞な
　　　くライセンサーにその旨を報告しなければならない。ライセンサーが
　　　希望すれば、ライセンサーは自己の費用負担で訴訟、法的手続もしく
　　　は請求に関して防御したり、あるいは告発することに参加することが
　　　できる。

10.3.　ライセンシーは、本契約期間中およびその延長期間中は、いずれの
　　　国においても直接または間接に、本契約の対象となっているあらゆる
　　　特許もしくは特許権の有効性について争い、または他社を援助しない
　　　ことに同意する。

Point

⑥ライセンサーが開発した技術やこれに基づく特許を実施することによりライセンシーが
これらを改良したり、応用したりして開発した技術および情報については、これらをラ
イセンサーに開示し、利用させることが公平です。
これに関連し、ライセンシーの改良技術につき特許の実施をライセンサーに認めさせた
り（グラント・バック：grant back）、あるいはさらに進んでライセンサーに改良技術
に関する権利を帰属させたりすること（アサイン・バック：assign back / フィードバッ
ク：feed back）に合意する場合があります。この場合、独占禁止法上ライセンサーの
優越的地位の濫用による不公正な取引方法に該当するおそれがあるので注意が必要です。

Article 11. Quality Control

11.1. Licensee agrees that all Products manufactured or offered for sale by it in Territory shall be substantially equivalent in quality and workmanship to the similar Products offered for sale by Licensor. Should Licensor find and determine that Products offered for sale by Licensee are not substantially equivalent in quality and workmanship to those offered for sale by Licensor, Licensor shall have the right to notify Licensee of such fact and to require Licensee to suspend production of Products until the quality and workmanship of Products shall meet the required quality standards.

11.2. Licensee hereby warrants to proper quality and workmanship of Products manufactured by Licensee pursuant to this Agreement and agrees to hold Licensor harmless from any and all such claims against the defects.

Article 12. Confidentiality

12.1. Licensee shall keep strictly secret and confidential all of the technical information relating to the manufacture of Products and shall not disclose any of such information to any third party.

12.2. All directors, officers and employees of Licensee and its Subsidiary having access to information of any sort relating to the information herein conveyed, in which Products or documents relating to the information are manufactured, prepared, stored or filed, or otherwise, shall be required to sign a form of document to be separately prepared by Licensor.

Article 13. Duration

13.1. This Agreement shall, subject to the validity of Patents, be effective for six (6) years from the date of execution hereof.

第11条　品質管理

11.1.　ライセンシーは、本製品の品質および仕上がりがライセンサーの販売するものと本質的に同等のものを契約地域内で製造し、販売しなければならない。ライセンシーが販売に供した本製品の品質および仕上がりがライセンサーの販売するものと本質的に同等でないとライセンサーが認めた場合には、その旨をライセンシーに通知し、かつライセンシーに対し本製品の品質および仕上がりが所定の品質基準に達するまで本製品の生産中止を要求する権利を有するものとする。

11.2.　ライセンシーは、本契約に基づきライセンシーが製造する本製品につき適切な品質および仕上がりを保証し、かつライセンサーを瑕疵に対するすべてのクレームから免責することに同意する。

第12条　秘密情報

12.1.　ライセンシーは、本製品の製造に関する技術情報のすべてについて秘密を厳重に保持しなければならず、いかなる第三者に対してもこれを漏らしてはならない。

12.2.　本契約により提供されたいかなる種類の情報であろうと、これに接触するライセンシーおよびその子会社のすべての取締役、役員、従業員は、本製品もしくはその情報に関する書類が製造、作成、保管され、またはファイルなどされている情報について、ライセンサーが別途作成する書式による書類に署名することを要求されるものとする。

第13条　期　　間

13.1.　本契約は、特許が有効であることを条件として、締結日から6年間有効とする。

13.2. Upon expiration or termination of this Agreement, the Licensee shall immediately cease to use the Patents and other related technical information in the licensed Products, and manufacture the Products and all the rights of the Licensee hereunder shall forthwith terminate and revert to the Licensor.

Unless this Agreement is terminated due to fault or breach by the Licensee, the Licensee may continue to sell the Products in the Licensee's stock for further period of six (6) months after the expiration or termination of this Agreement subject to continuous payment of the royalty for the Products to be sold during the above sell off period in accordance with Article 6.2 hereof.

Article 14. Termination

In the event of any material breach of provisions hereunder by either party during the term of this Agreement, the other party shall give twenty (20) days notice requesting such party to cure the breach. If the breach is not cured within such twenty (20) days period after the notification in writing to the defaulting party, the non-defaulting party shall have the right to terminate this Agreement by written notice and loss and damages sustained thereby shall be compensated by the defaulting party.

Article 15. Notice

15.1. All notices, demands and other communications which shall or may be given under this Agreement shall be made by registered airmail, postage prepaid or facsimile transmission, and shall be addressed to the parties at each party's principal office first above written, except that either party may change such office by notice in accordance with this Article.

15.2. Notices, demands and other communications mentioned above shall be deemed to be received and be effective seven (7) days after their dispatch in case of airmail and one (1) day after dispatch in case of facsimile transmission.

13.2.　本契約が期間満了または解除により終了した場合、ライセンシーは
直ちに特許その他関連するライセンス製品の技術情報の使用ならびに
本製品の製造を中止するものとし、本契約に基づくライセンシーのす
べての権利は直ちに終了し、ライセンサーに復帰するものとする。

　　　但し、ライセンシーの本契約の不履行または違反により解除された
ものでない限り、ライセンシーは第6.2条に基づきセルオフ期間中の
ロイヤルティを支払うことを条件として本契約の期間満了または解除
後6カ月間本製品の在庫を販売することができる。

第14条　解　除

　　本契約期間中いずれかの当事者による本契約の重大な違反がある場合、
相手方当事者は、20日前に義務違反の当事者にその違反の是正を求める通
知をするものとする。違反当事者に対する書面による通知後20日以内にそ
の違反が是正されない場合、相手方当事者は、その後の書面による解除通
知で本契約を解除する権利を有するものとし、それにより引き起こされた
損失および損害は、その違反の責を負う当事者により賠償されるものとす
る。

第15条　通　知

15.1.　本契約に基づきなされるか、またはなされ得るすべての通知、要求
およびその他の通信は、料金前納、書留航空郵便またはファクシミリ
の送信によるものとし、冒頭の各自の主たる営業所における当事者宛
になされるものとする。但し、いずれの当事者も本条に従った通知に
より当該営業所を変更することができる。

15.2.　上記の通知、要求およびその他の通信は、郵便の場合は発信後7日
で受領され、ファクシミリの場合は発信後1日で受領され、有効とな
るものとみなされる。

文例13　ライセンス契約書

Article 16. Non-Waiver

No waiver by either party, whether expressed or implied, of any provision of this Agreement, or of any breach or default, shall constitute a continuing waiver of such breach or default of such provision of this Agreement.

Article 17. Force Majeure

If performance of this Agreement is interfered with, for any length of time, by an Act of God, war, war-like condition, civil commotion, earthquake, or other similar occurrences, which are beyond the control of either party, neither party shall be held responsible for non-performance of this Agreement for such length of time.

Either party shall use its best efforts to minimize the effects, if possible, which any such cause has upon its respective obligations under this Agreement.

Article 18. Assignment

This Agreement shall be binding upon and inure to the benefit of the successors and assigns of Licensor.

Neither this Agreement nor any rights hereunder shall be, directly or indirectly, assigned or transferred by Licensee, to any person, firm or corporation without the prior written consent of Licensor.

Article 19. Severability

If whole or any portion of any provision hereof shall be held to be void or unenforceable, the remaining provisions of this Agreement and the remaining portion of any provision held void or unenforceable in part shall continue in full force and effect.

Article 20. Governing Law and Interpretation

This Agreement is written in the English language, and shall be construed and interpreted in accordance with the laws of Japan.

第16条　権利不放棄

　　明示的または黙示的であるかを問わず、本契約のいかなる規定もしくはいかなる規定の違反もしくは債務不履行のいずれかの当事者による権利放棄は、本契約の当該規定の違反もしくは債務不履行についての継続的権利放棄とならないものとする。

第17条　不可抗力

　　本契約の履行が天変地異、戦争、戦争に類する状況、内乱、地震およびいずれかの当事者の支配不可能な他の同種の事態によって、一定期間妨げられた場合、いずれの当事者も、当該期間中の本契約の不履行に関して責任を負わないものとする。

　　いずれの当事者も、本契約に基づく義務に及ぼす影響を最小限のものとするために最大限の努力を払うものとする。

第18条　譲　渡

　　本契約はライセンサーの承継人および譲渡人に限り、拘束され、かつその利益を保護されるものとする。

　　本契約および本契約に基づくいかなる権利も、ライセンサーの事前の書面による同意なくして、ライセンシーはいかなる個人、企業または法人に対しても、直接間接を問わず、譲渡または移転してはならないものとする。

第19条　分離可能性

　　本契約の規定の全部またはその一部が無効または執行不能と判断された場合、本契約の残りの規定および一部が無効または執行不能と判断された規定の残りの部分は、継続して完全に効力を有する。

第20条　準拠法および解釈

　　本契約は英語により作成され、かつ日本法に従って解釈される。

文例13 ライセンス契約書

Article 21. Jurisdiction

Each party hereby agrees that the Tokyo District Court shall have competent and exclusive jurisdiction for the first instance over any lawsuit in connection with this Agreement.

IN WITNESS WHEREOF, each of the parties hereto has caused this Agreement to be executed in duplicate, by its duly authorized officers or representatives as of the date first above written.

MNS Co., Ltd.   OPQ & Co.

_____   _____
By: Masaharu Nomura   By: Otto Powell
Title: President & CEO   Title: Executive Vice President

Appendix 1. (Products)   (omitted)

Appendix 2. (Patents)   (omitted)

第21条 裁判管轄

　　両当事者は、本契約に関するいかなる訴訟も東京地方裁判所を第一審の管轄権のある専属的合意管轄裁判所とすることに同意する。

上記の証拠として、本契約の各当事者はその正当に授権された役員または代表者によって、冒頭に記載された日付で本契約書2通を作成した。

株式会社 MNS　　　　　　　　　　　　OPQ アンドカンパニー

（署名）＿＿＿＿＿＿＿＿＿＿＿　　　（署名）＿＿＿＿＿＿＿＿＿＿＿

野村正春　　　　　　　　　　　　　　オットー パウエル

業務執行社長　　　　　　　　　　　　業務執行副社長

（別紙）付属書1（本製品）　（省略）

（別紙）付属書2（特許）　（省略）

SHARE PURCHASE AGREEMENT

THIS SHARE PURCHASE AGREEMENT is made and entered into as of the 12th day of November, 2020 by and between:
Union Venture Corporation, a corporation duly organized and existing under the laws of The Netherlands, having its principal place of business at 1234 NS Rotterdam, The Netherlands ("UVC"), and
Messrs. Taro Wako and Jiro Wako, Japanese citizens having their residence at 7-8-9 Roppongi, Minato-ku, Tokyo 108-0012, Japan ("Wakos").

WITNESSETH:

WHEREAS, Wakos own most of the issued and outstanding shares of Wako Medical Appliance Co., Ltd., a corporation duly organized and existing under the laws of Japan, having its principal place of business at 7-7-7 Hiroo, Shibuya-ku, Tokyo 150-0011, Japan ("Wako"); and

WHEREAS, UVC desires to purchase and Wakos desire to sell the Shares to be defined hereafter on the terms and conditions set forth below.

NOW, THEREFORE, in consideration of the premises and the mutual covenants and agreements contained herein, it is hereby agreed upon by and between the parties hereto as follows:

解説

この文例は、[文例6]の秘密保持契約書を締結したオランダの医療機械メーカーが日本の医療機械メーカーの買収監査(デュー・ディリジェンス)を実施したうえで同会社の主要株主からその保有する株式を買い取るために取り交わすときの契約文書です。

株式売買契約書

本株式売買契約書は 2020 年 11 月 12 日、オランダ国ロッテルダム NS1234 に主たる事業所を有するオランダ法人ユニオンベンチャーコーポレーション（以下「UVC」という）と日本国〒 108-0012 東京都港区六本木 7-8-9 に住所を有する日本国民和光太郎および和光次郎（以下「和光ら」という）との間で締結され、以下の事実を証するものである。

和光らは日本国〒 150-0011 東京都渋谷区広尾 7-7-7 に主たる事業所を有する日本国法人和光医療機器株式会社（以下「和光」という）の発行済み株式のほとんどを所有している。

本契約書で以下に定める条件で、UVC は和光らの保有する和光の株式すべてを購入する意図を有しており、和光らは同株式を売り渡す意図がある。

よって以下に規定する誓約、相互の約束および合意を約因として、両当事者は、以下のとおり合意する。

Article 1 Definitions

The following terms shall have the meanings given to them as follows:

1.1 "Closing" means the completion of procedures of the sale and purchase of the Shares as defined below to be executed at Wako's office pursuant to Article 2 hereof.

1.2 "Closing Date" means 11:00 a.m. on March 31, 2021 or the other alternative date of Closing to be determined by Wakos and UVC.

1.3 "Yen" or "¥" means the lawful currency of the Japanese yen.

1.4 "Shares" means the all of issued and outstanding shares of Wako owned and held by Wakos.

Article 2 Purchase and Sale of Shares

2.1 Transfer of Shares
Wakos hereby sell and transfer, and UVC hereby purchases and accepts the transfer of the Shares from Wakos in accordance with the terms and conditions of this Agreement on the Closing Date.

2.2 Purchase Price for Shares
The aggregate purchase price shall be Five Hundred Million Yen (¥500,000,000). The purchase price shall be payable on the Closing Date by wire transfer to a bank account designated by Wakos.

第1条　定　義

以下の用語は、以下に規定する意味を有するものとする。

1.1 「クロージング」とは、第2条に基づき和光の事務所で行われる、以下に定義する本件株式の売買手続の完了を意味する。

1.2 「クロージング日」とは、2021年3月31日午前11時もしくは和光らとUVCが合意するその他のクロージングが行われる日を意味する。

1.3 「円」は、日本国の法定通貨を意味する。

1.4 「本件株式」とは、和光らが保有する和光の発行済み株式の全部を意味する。

第2条　本件株式の売買

2.1 本件株式の譲渡
クロージング日に、本契約書に規定される条件に従って、和光らは本件株式を売却、譲渡し、UVCは本件株式を購入、譲り受けるものとする。

2.2 本件株式の売買価額
本件株式売買価額の総額は5億円とする。同価額は、電信送金により和光らの指定する銀行口座にクロージング日に支払うものとする。

Article 3 ①Representations and Warranties

3.1 Representations and Warranties by Wakos
Wakos hereby represent and warrant to UVC as follows:

3.1.1 Power and Authority
Wakos are Japanese citizens and have all requisite power and authority to enter into this Agreement and to consummate the transactions contemplated hereby.

3.1.2 Validity of this Agreement
Wakos have the right and power to enter into and perform their obligations under this Agreement; have taken all necessary actions required to enter into and perform their obligations under this Agreement; and this Agreement constitutes the legal, valid and binding obligation of Wakos, enforceable in accordance with the terms and conditions hereof.

3.1.3 Non Breach
The execution of this Agreement and the consummation of the transactions contemplated hereby will not result in a breach of any of the terms or provisions of, or constitute a default under any agreement or other instrument to which Wakos are parties or by which they are bound.

3.1.4 No Consents or Approvals
No consents, approvals, authorizations or other requirements prescribed by any law, order or regulation are required for consummation of the transactions contemplated by this Agreement as of the Closing Date.

第 3 条　　表明および保証
　　　　　　①

3.1　和光らによる表明および保証
和光らは、UVC に対し、以下のとおり表明し保証する。

3.1.1　権限と行為能力
和光らは日本国の国民で、本契約を締結し、本契約によって企図されている取引を完了するために必要とされるすべての能力および権限を有している。

3.1.2　本契約の有効性
和光らは、本契約を締結し、本契約上の義務を履行する権利と権限を有し、本契約を締結し、本契約上の義務を履行するのに必要なすべての行為を行っており、本契約は合法的、有効かつ拘束力のある和光らの義務を構成するものであり、その条件に従って強制執行可能なものである。

3.1.3　契約違反のないこと
本契約の作成および本契約によって企図されている取引の完了は、和光らが当事者となっているかもしくは拘束される契約その他の証書のいかなる条項にも違反せず、不履行にもならない。

3.1.4　許認可の不要
本契約によって企図されている取引を完了させるためには、クロージング日において何らの法令上、規則上の同意、承認、許可、もしくはその他の要件を要しない。

Point

①株式の売買にあたっては、その対象株式の評価の裏付けとなる対象会社の資産、権利義務等を含む財務状況について売主に説明させ、その内容が真実に相違ないことを約束し、証明させることが必要となります。これらの表明事項が真実であることがこの契約の中心的な内容となります。
特に帳簿上にあらわれてこない隠れた債務や偶発的な債務が存在しないこと（第 3 条 3.1.12 参照）などは最も注意すべき点です。

3.1.5 Wako's Corporate Status

Wako is a corporation duly organized, validly existing and in good standing under the laws of Japan. The authorized capitalization of Wako consists of Forty Thousand (40,000) authorized shares of Common Stock, Ten Thousand (10,000) shares of which are issued and outstanding as of the date of this Agreement and such shares are validly issued and fully paid. Nine Thousand Five Hundred (9,500) shares are issued to Wakos.

3.1.6 Wakos' Title to Shares

Wakos have good and marketable title to the Shares, free and clear of any and all liens, charges or other encumbrances.

3.1.7 Financial Statements

Exhibit 1 is the audited balance sheets of Wako as of March 31, 2018, March 31, 2019 and March 31, 2020 and the income statements for the fiscal years then ended. All such financial statements correctly present Wako's financial position as of the above respective dates and were prepared from the books and records which are complete and correct and reflect the transactions of Wako and in accordance with generally accepted international accounting principle.

3.1.8 Incorporation Documents

Exhibit 2 is true and correct copies of the Articles of Incorporation and related regulations of Wako in effect on the date hereof.

3.1.9 Personal Property, Intellectual Property and other assets

Exhibit 3 is personal properties, intellectual properties and other assets which Wako owns and has good marketable title to each item of property and assets owned and used by it in business of Wako, free and clear of all liens or security interests.

3.1.5　和光の会社の状況

和光は日本国法の下で正当に設立され、有効に存続しており、良好な状態にある会社である。和光の授権株式総数は、普通株式4万株であり、本契約日現在、そのうちの1万株が発行済みであり、かかる株式は有効に発行されており、全額払込み済みである。発行済み株式のうち9500株が和光らに対して発行済みである。

3.1.6　和光らの本件株式に対する権原

和光らは、本件株式について正当かつ売り渡すことのできる権原を有しており、本件株式は、一切の先取特権、担保権、その他の担保設定などの負担がない。

3.1.7　財務諸表

別紙1は、2018年、2019年、2020年の各3月31日付の和光の監査済みの貸借対照表ならびに当該日に終了した会計年度の損益計算書である。これらの財務諸表は、上記当該日における和光の財務状態を正しく示しており、和光の取引を完全かつ正確に反映した和光の帳簿と記録に基づき、また一般に受け入れられている国際会計基準に従って作成されたものである。

3.1.8　設立書類

別紙2は、本契約日に効力を有している和光の定款および関連規則の正確な写しである。

3.1.9　動産、知的財産その他資産

別紙3は、和光が、その事業において保有し、利用している動産、知的財産その他の資産であって、和光はこれらを販売することのできる権原を有しており、これらは一切担保権の対象になっていない。

3.1.10 Accounts Receivable and Inventory

Exhibit 4 contains the outstanding accounts receivable of Wako which have arisen out of the sales of inventory or services in the ordinary course of business and the inventory of Wako is salable in the ordinary course of business without discount from the prices generally charged for like material.

3.1.11 Contracts

Exhibit 5 sets forth a true and correct list of each contract, agreement, or purchase order, written or oral to which Wako is a party or by which any of its assets is bound.

3.1.12 No Undisclosed Liabilities

Except as and to the extent specifically reflected or reserved against in the March 31, 2019 balance sheet specified in Exhibit 1, Wako does not have any liability or financial obligation of any nature, whether absolute, accrued, contingent or otherwise, and whether due or to become due, which in the aggregate exceed Ten Million Yen (¥10,000,000) and that are material to the conditions, assets, properties or business of Wako.

3.1.13 Litigation

There is no material action, suit or proceeding to which to Wako is a party (either as a plaintiff or defendant) pending or threatened before any court.

3.1.14 Compliance with Law

The conduct of business by Wako on the date hereof does not violate any Japanese or foreign laws, ordinances and regulations in force on the date hereof, the enforcement of which would materially and adversely affect the business, assets, properties or conditions of Wako.

3.1.10　売掛金と在庫

別紙4は、現存する和光の売掛金債権であり、通常の事業の過程における在庫の販売ないしサービスの提供によって生じたものであり、また和光の在庫は、同種の材料に一般的な価格に対して割引することなく通常の事業の過程において販売可能である。

3.1.11　契　　約

別紙5は、口頭か書面かを問わず和光が当事者となっているか和光の資産が拘束されている契約、合意書および注文書の真正かつ正確な一覧表である。

3.1.12　開示されていない債務の不存在

別紙1に含まれている2019年3月31日現在の貸借対照表に特に反映されているか留保されているものを除き、和光は、その総額において1000万円を超え、かつ和光の状況、資産、財産もしくは事業にとって重要な債務、その他の金銭的義務は、絶対的か発生しているか偶発的か否かその性質を問わず、また弁済期が到来しているか否かを問わず、有していない。

3.1.13　訴　　訟

和光が当事者（原告か被告かは問わない）となっている、裁判所に係属し、もしくは提起されそうな重大な訴訟や法的手続は存在しない。

3.1.14　法令の遵守

本契約日現在の和光の事業の遂行は、本契約日現在効力を有している日本および外国の法律、条例および規則でこれを執行することによって和光の事業、資産、財産や状況に重大かつ不利な影響を及ぼすものに違反していない。

3.2 Representations and Warranties by UVC

UVC hereby represents and warrants to Wakos as follows:

3.2.1 Power and Corporate Authority

UVC is duly organized and validly exists under the laws of the Netherlands, and has all requisite corporate power and authority to enter into this Agreement and to consummate the transactions contemplated hereby.

3.2.2 Validity of this Agreement

UVC has the right and power to enter into and perform its obligations under this Agreement; has taken all necessary corporate actions required to enter into and perform its obligations under this Agreement; and this Agreement constitutes the legal, valid and binding obligation of UVC, enforceable in accordance with the terms and conditions hereof.

3.2.3 Non Breach

The execution of this Agreement and the consummation of the transactions contemplated hereby will not result in a breach of any of the terms or provisions of, or constitute a default under any agreement or other instrument to which UVC is a party or by which it is bound.

3.2.4 No Consents or Approvals

No consents, approvals, authorizations or other requirements pre-scribed by any law, order or regulation are required for consummation of the transactions contemplated by this Agreement as of the Closing Date.

3.2　UVC の表明および保証

UVC は、和光らに対して、以下のとおり表明し保証する。

3.2.1　権限と行為能力

UVC はオランダ国法の下で正当に設立され、有効に存続しており、本契約を締結し、本契約によって企図されている取引を完了するために必要とされるすべての会社法上の能力および権限を有している。

3.2.2　本契約の有効性

UVC は、本契約を締結し、本契約上の義務を履行する権利と権限を有し、本契約を締結し、本契約上の義務を履行するのに必要なすべての会社法上の行為を行い、本契約は合法的、有効かつ拘束力のある UVC の義務を構成するものであり、その条件に従って強制執行可能なものである。

3.2.3　契約違反のないこと

本契約の作成および本契約によって企図されている取引の完了は、UVC が当事者となっているかもしくは拘束される契約その他の証書のいかなる条項にも違反せず、不履行にもならない。

3.2.4　許認可の不要

本契約によって企図されている取引を完了させるためには、クロージング日において何らの法令上、規則上の同意、承認、許可もしくはその他の要件を要しない。

Article 4 Covenants

4.1 ②Due Diligence

To the extent necessary to permit UVC to conduct due diligence as UVC deems necessary or advisable to know the business and assets of Wako and its financial and legal condition, Wakos shall permit UVC and its authorized representative(s), on prior written notice, to have access to Wako's premises, books and records during its business hours, and shall cause Wako's officers promptly to furnish and explain to UVC or its authorized representative(s) such financial and operating data and other information, with respect to the business and assets of Wako as UVC may reasonably request.

4.2 Business Transactions of Wako

Wakos shall carry on the business activities of Wako in the normal and ordinary course of business and shall not sell or dispose of any asset or property of Wako in excess of Ten Million Yen (¥10,000,000) without prior written consent of UVC from the date of this Agreement until the Closing Date.

4.3 No Competition with Wako

Wakos shall not engage or be involved, whether directly or indirectly, in its business that would be in competition with the business as now performed by Wako for a period of three (3) years from the Closing Date.

第4条　約　束

4.1　買収監査（デュー・ディリジェンス）②

UVC が和光の事業や資産およびその財務的、法務的状況について知る
ために必要または適切と自ら認める調査を UVC が行うことを認める
ために必要な範囲で、和光らは UVC およびその授権を受けた代表者
に対して、事前の書面による通知に基づいて、和光の敷地、帳簿およ
び記録に対して、業務時間中においてアクセスすることを認めるもの
とし、和光の役員をして、UVC またはその授権を受けた代表者に対し
て、UVC が合理的に要求する和光の事業および資産に関する財務的お
よび営業的データその他の情報を迅速に提供し、説明させるものとす
る。

4.2　和光の経営

和光らは、本契約締結日からクロージング日までの間、和光の事業活
動を通常の事業の過程内で行わせ、UVC の事前の書面による同意を得
ることなしに、1000 万円を超える和光の資産や財産を売却もしくは処
分させないものとする。

4.3　和光との競業禁止

和光らは、直接間接を問わず、クロージング日から 3 年間、和光が現
在従事している事業と競合する可能性のある事業に従事せず、またか
かる事業にかかわらないものとする。

Point

②対象会社の株式の買収にあたり、対象会社の資産、権利、義務、財務状態、訴訟の有無
などを調査、監査するのがデュー・ディリジェンス（due diligence）で、売買当事者間
で秘密保持契約を締結したうえで実施されます。

Article 5　Conditions Precedent to Closing

5.1　Conditions Precedent to Wakos' Obligations

Wakos' obligations to effect the transactions contemplated hereby shall be subject to the fulfillment of the following conditions:

5.1.1　The representations and warranties of UVC contained in this Agreement shall have been true and correct on the date such representations and warranties were made and as of the Closing Date;

5.1.2　Each of the UVC's obligations to be performed by it on or before the Closing Date pursuant to the terms of this Agreement shall have been duly performed on or before the Closing Date; and

5.1.3　An opinion of counsel to UVC and a certificate of the resolutions of the Board of Directors of UVC approving the execution of this Agreement and all the transactions contemplated hereby shall have been duly delivered to Wakos on the Closing Date.

5.2　Conditions Precedent to UVC's Obligations

UVC's obligations to effect the transactions contemplated hereby shall be subject to the fulfillment of the following conditions:

5.2.1　The representations and warranties of Wakos and Wako contained in this Agreement and the Exhibits attached hereto shall have been true and correct on the date such representations and warranties were made and as of the Closing Date;

第5条　③クロージングの停止条件

5.1 和光らの義務に対する停止条件
本契約で企図されている取引を完了させる和光らの義務は、以下の条件が成就することを条件とする。

5.1.1　本契約に含まれている UVC による表明および保証が、それがなされた日ならびにクロージング日において真実で正しいこと。

5.1.2　本契約の条項に従ってクロージング日以前に履行されるべき UVC の各義務がクロージング日以前に適正に履行されること。

5.1.3　クロージング日に UVC の弁護士の法律意見書および本契約の締結と本契約によって企図されているすべての取引を承認した UVC の取締役会決議の証明書が和光らに対して正当に交付されていること。

5.2 UVC の義務に対する停止条件
本契約で企図されている取引を完了させる UVC の義務は、以下の条件が成就することを条件とする。

5.2.1　本契約および別紙に含まれている和光および和光らによる表明および保証が、それがなされた日ならびにクロージング日において真実で正しいこと。

Point

③先に述べた株式売買の各当事者の表明および保証の対象となった事項およびその内容がクロージング（決済）時点において真実に相違ないことが、クロージングを実行するための停止条件となります。表明および保証の対象事項の一部が真実でないことが明らかとなったときは、売買価額を調整したうえで合意に至ればクロージングを実行することになりますが、これが合意に達しなければ本契約は終了することになります。

5.2.2 Each of Wakos' obligations to be performed by them on or before the Closing Date pursuant to the terms of this Agreement shall have been duly performed on or before the Closing Date;

5.2.3 There shall not have occurred between the date hereof and the Closing Date any material adverse changes in the results of operations, financial conditions, assets, liabilities or business of Wako; and

5.2.4 An opinion of counsel to Wakos shall have been duly delivered to UVC on the Closing Date.

Article 6 Indemnification

6.1 Indemnification by Wakos
Wakos shall indemnify and hold UVC and Wako harmless against, and shall reimburse UVC for any loss or damage including but not limited to reasonable attorney fees incurred arising out of;

(1) Any and all liabilities of Wako of any nature, existing at the Closing Date to the extent not reflected or reserved against in the financial statements or disclosed in this Agreement or the Exhibits attached hereto; or

(2) Any misrepresentation, breach or nonfulfillment of any covenant or obligation of Wakos under this Agreement, or any misrepresentation in, or omission from, any certificate or other instrument delivered or to be delivered to UVC pursuant to this Agreement.

6.2 Indemnification by UVC
UVC shall indemnify and hold Wakos harmless against, and shall reimburse Wakos for any loss or damage including but not limited to reasonable attorney fees incurred arising out of any misrepresentation, breach or nonfulfillment of any obligation of UVC under this Agreement.

5.2.2　本契約の条項に従ってクロージング日以前に履行されるべき和光らの各義務がクロージング日以前に適正に履行されること。

5.2.3　本契約日とクロージング日との間に和光の事業の業績、財政的状況、資産、負債、事業について、重大な不利益な変更が生じていないこと。

5.2.4　クロージング日に和光らの弁護士の法律意見書がUVCに対して正当に交付されていること。

第6条　補　償

6.1　和光らによる補償

和光らは、以下の事項から発生する合理的な弁護士費用を含むがこれに限らないすべての損失もしくは損害についてUVCおよび和光を補償し、これらの金額をUVCに賠償するものとする。

(1) 財務諸表に反映されておらず、留保もされていない範囲、もしくは、本契約または本契約に添付される別紙において開示されていない範囲に限られたすべての態様のクロージング日現在の和光の債務。

(2) 本契約における和光らによる不実表明、和光らの約束もしくは義務の不履行または本契約に基づいてUVCに対して引き渡されたもしくは引き渡される予定のあらゆる種類の証明書その他文書における不実証明もしくは記載漏れ。

6.2　UVCによる補償

本契約におけるUVCの不実表明もしくは本契約上のUVCの義務の不履行によって発生した合理的な弁護士費用を含むがこれに限らないすべての損失もしくは損害をUVCは和光らに対し補償し、これらの金額を賠償するものとする。

Article 7 Termination

This Agreement may be terminated in case of the following events:
(1) if any of the conditions precedent provided in Article 5 hereof shall not have been fulfilled;
(2) if there has been a material misrepresentation or material breach of any warranty or covenant made by Wakos or UVC; or
(3) if the Closing shall not have completed by March 31, 2021 or alternative date to be agreed upon between the parties hereto.

Article 8 General Provisions

8.1 Confidentiality
Each party shall maintain and hold in confidence all information or facts obtained as a result of or in the performance of this Agreement and no disclosure shall be made to any third party except as required by law or to the attorneys, accountants or advisers to the parties hereto. Neither party shall make any press release or public announcement with respect to the contents of this Agreement without prior written consent of the other party.

8.2 Inquiry and Investigation
All representations and warranties contained herein which are made to the best knowledge of a party as of the date hereof shall require that such party make reasonable inquiry and investigation with respect thereto to ascertain and confirm the correctness and validity thereof.

8.3 Non Assignment
This Agreement shall not be assigned or transferred by any of the parties hereto. This Agreement shall inure to the benefit of and be binding upon the parties hereto and their respective successors.

第7条 解 除

本契約は、以下の場合に解除することができる。

(1) 第5条に規定する停止条件が成就しなかった場合。

(2) 和光らもしくは UVC が重大な不実表明を行うかその保証もしくは約束の重大な不履行を行った場合。

(3) クロージングが 2021 年 3 月 31 日もしくは当事者が合意したこれに代わる日までに行われなかった場合。

第8条 一般条項

8.1 秘密保持

各当事者は本契約の結果もしくは本契約上の義務の履行に基づいて取得されたすべての情報または事実を秘密として保持するものとし、さらに法によって要求されるか、その弁護士、会計士もしくは当事者のアドバイザーに対して開示する場合を除き、第三者に対して開示しないものとする。いずれの当事者も他方当事者の書面による事前の同意なしに本契約の内容に関してプレスリリースで発表もしくは公表してはならないものとする。

8.2 照会および調査

本契約日現在における当事者による最善の知識に基づいてなされた本契約に含まれているすべての表明および保証条項について、当該当事者はその要求するところにより合理的な照会および調査を行い、その正確さおよび有効性について確認することができるものとする。

8.3 譲渡禁止

本契約は、いずれの当事者によっても譲渡することができないものとする。本契約は、両当事者およびそのそれぞれの承継人に対して効力を有し、これらの者のために存在する。

文例14 株式売買契約書

285

8.4 Entire Agreement

This Agreement contains the entire agreement between the parties hereto with respect to the transactions contemplated herein and, except as provided herein, supersede all previous oral and written commitments, writings and understandings.

8.5 Governing Law

This Agreement shall be governed by and construed and enforced in accordance with the laws of Japan.

8.6 Arbitration

Any dispute or controversy arising out of this Agreement shall, unless amicably settled by the parties hereto, be finally settled by a panel of three (3) arbitrators under the UNCITRAL Arbitration Rules at the place where the respondent's principal place of business is located.

IN WITNESS WHEREOF, each of the parties hereto has caused this Agreement to be executed as of the date first above written.

_____

By: Taro Wako

_____

By: Ursula van der Vorm
Title: Executive Vice President
Union Venture Corporation

_____

By: Jiro Wako

8.4　完全合意条項

本契約は、本契約によって企図されている取引に関する両当事者間の完全な合意を構成するものとし、本契約において特に規定されている場合を除き、従前の口頭もしくは書面による約束、書面および了解事項に取って代わるものとする。

8.5　準拠法

本契約は日本法に準拠し、解釈され、執行されるものとする。

8.6　仲　　裁

本契約から生ずる紛争または意見の相違が当事者の友好的な話し合いにより解決されないときは、被申立人の主たる事務所の所在地においてUNCITRAL仲裁規則のもとで3名の仲裁人によって最終的に解決される。

以上を証するために、各当事者は、冒頭記載の日をもって本契約書に署名した。

（署名）＿＿＿＿＿＿＿＿＿＿＿　　（署名）＿＿＿＿＿＿＿＿＿＿＿

和光　太郎　　　　　　　　　　アースラ ヴァン デル ヴォーム
　　　　　　　　　　　　　　　業務執行副社長

（署名）＿＿＿＿＿＿＿＿＿＿＿　　ユニオンベンチャーコーポレーション

和光　次郎

文例14　株式売買契約書

Exhibit 1   Financial Statements
Exhibit 2   Incorporation Documents
Exhibit 3   Personal Property, Intellectual Property and other assets
Exhibit 4   Accounts Receivable and Inventory
Exhibit 5   Contracts

別紙１　財務諸表
別紙２　設定書類
別紙３　動産、知的財産その他資産
別紙４　売掛金および在庫
別紙５　契約

JOINT VENTURE AGREEMENT

This Agreement made and entered into this 19th day of December, 2024 by and between
QRS Co., Ltd., a corporation duly organized and existing under the laws of Japan having its principal office at 6-7-8 Kasuga, Bunkyo-ku, Tokyo, 112-0022, Japan (hereinafter called "QRS") as one part and
STU, Inc., a corporation duly organized and existing under the laws of Thailand having its principal office at 678 Soi Tonson, Ploenchit Road, Bangkok, Thailand (hereinafter called "STU") as the other part.

WITNESSETH:

WHEREAS, QRS maintains long years experience in Japan with respect to the manufacture and marketing of computer hardware and relative equipment thereof (hereinafter called the "Products") and QRS intended to expand its business in Thailand.

WHEREAS, QRS and STU, for the purpose of expansion of their mutual business, executed the following agreements and have performed the same in good faith in accordance with each term and condition of such agreements.

1. Letter of Intent dated June 17, 2015
2. Sales Agreement dated February 13, 2016

解 説

この文例は、日本のメーカーがタイ国の法人と最初にレターオブインテント（趣意書：LOI）を締結して取引開始の条件につき交渉し、次にコンピュータハードウェア製品の輸出を売買契約に基づき継続した後、タイ国法人を独占的販売店とする契約を締結し、販路を拡げ、さらにライセンス製造をタイ国で行うようになった後、共同で資本出資して合弁会社を設立し、本格的に事業展開を図ろうとするところで締結する契約文書です。

文例

15　対　訳

合弁契約書

日本国〒112-0022東京都文京区春日6丁目7番8号にその本店を有し、日本国法により設立され現存する法人キューアールエス株式会社（以下「QRS」という）を一方の当事者とし、タイ国バンコク市プロンチットロード、ソイトンソン678番地にその本店を有し、タイ国法により設立され現存する法人STUインコーポレーテッド（以下「STU」という）を他方の当事者として、2024年12月19日に締結された本契約は、次のことを証する。

QRSは、日本において長年の間コンピュータハードウェアおよびその関連機器（以下「製品」という）の製造販売を行ってきた経験を有しているが、その業務をタイ国において拡大することを企図した。

QRSおよびSTUは、相互の業務の拡大を目的として下記の契約を締結し、これらの契約の各条件および条項に基づき各条項を誠意をもって履行してきた。

1.　レターオブインテント（2015年6月17日締結）
2.　売買契約（2016年2月13日締結）

3. Exclusive Distributorship Agreement dated June 17, 2018
4. License Agreement dated December 16, 2022

WHEREAS, QRS desires to establish a new company to manufacture and market products in Thailand and, desires to have local capital participation to the new company and STU is willing to meet QRS's intention and is ready to invest into the new company.

WHEREAS, QRS and STU have agreed to cooperate in expanding the proposed business through the new company and to establish their relationship as shareholders of the new company by entering into this Agreement.

NOW, THEREFORE, the parties hereby agree as follows:

Article 1 Definitions

For the purpose of this Agreement, each of the terms set forth in this Article 1 shall have the meaning indicated below, respectively :

1. RS
   The term "RS" means abbreviations of the company name "RS Co., Ltd.", a stock corporation to be incorporated under the laws of Thailand by a joint venture investment of both QRS and STU in the manner provided in Article 3 hereof.
2. Effective Date
   The term "Effective Date" means the date this Agreement is executed by the duly authorized officers or representatives of QRS and STU or when all of the approvals which are required pursuant to Article 2 hereof have been obtained in form and substance satisfactory to each of the parties to this Agreement, and each party hereto has given notice to the other showing such approvals are satisfactory in said manner whichever occurs later.

3.　独占販売店契約（2018 年 6 月 17 日締結）

4.　ライセンス契約（2022 年 12 月 16 日締結）

QRS はタイ国に製品の製造・販売のための新会社を設立する希望を有しており、また新会社に対する現地資本の参加を希望し、STU はかかる QRS の希望に添って、新会社に投資する意思を有する。

QRS および STU は本契約を締結することにより、新会社で提案されている業務を拡大することに協力し、新会社の株主としての関係を確立することに合意した。

よって、各当事者は、次のとおり合意する。

第 1 条　定　義

本契約においては、本第 1 条に掲げる各用語は、各々次に示されたとおりの意味を有する。

1. RS

「RS」という用語は、本契約第 3 条に規定された方法で、QRS と STU との合弁投資によりタイ国の法律に基づいて設立される株式会社の商号「RS Co., Ltd.」の略を意味する。

2.　発効日
　　　①
「発効日」とは、QRS と STU の正当な権限のある役員または代表者により本契約が調印された日、もしくは本契約第 2 条に基づいて要請されるすべての承認が、本契約の各当事者に満足しうる形式と実質をもって取得され、かつその旨の通知が一方当事者から他方の当事者に対し発せられた日の、いずれか遅い日をいう。

Point

①合弁会社の設立は、相手国によっては政府の認可、届出等が条件とされるため、これらの条件が成就するか本契約締結日のいずれか遅い日をもって契約の発効日と規定します。

3. Products

   The term "Products" means certain computer hardware, electronic products and relative equipment thereof, descriptions and specifications of which are separately defined in writing.

Article 2 Government Approvals

2.1 Approval by the Government of Thailand and Acceptance of Notification by the Japanese Government for the Acquisition of Sharers of RS by QRS

   Promptly after the execution of this Agreement by each of the parties hereto, QRS shall file an application for approval of the acquisition of shares of RS by QRS to the Government of Thailand including the Board of Investment (BOI) and also shall make a notification to the Japanese Government regarding acquisition of foreign securities.

2.2 Approval of the Conclusion of License Agreement between QRS and RS by the Government of Thailand

   QRS and RS shall file an application for approval of License Agreement between QRS and RS to be concluded under Article 5 hereof to the Government of Thailand.

2.3 In the event of the failure of any of the above conditions within sixty (60) days from the date of execution of this Agreement by both parties hereto, this Agreement shall be of no further force and effect and shall be deemed to have been null and void from the beginning and any and all rights and obligations hereunder shall no longer exist.

3. 製　品

「製品」とはコンピュータハードウェア、電子製品およびその関連機器でその詳細および仕様を別途書面にて定義する製品をいう。

第2条　政府承認

2.1　RS 株式の QRS による取得に対するタイ国政府の承認および日本国政府による届出の受理

本契約に対する各当事者の調印後速やかに、QRS は、投資委員会（BOI）を含むタイ国政府に対する RS の株式取得の承認申請および日本国政府に対する外貨証券取得の届出を行うものとする。

2.2　QRS および RS 間のライセンス契約締結に対するタイ国政府の承認

QRS および RS は、タイ国政府に対し、本契約第 5 条により締結されるべきライセンス契約につき承認の申請を行うものとする。

2.3　上記の条件のいずれかが、両当事者による　本契約締結の日から 60 日以内 に成就しない場合には、本契約は更なる効力を存続しないものとし、当初から無効であったものとみなされ、本契約のすべての権利義務は存続しないものとみなされる。

Point

②本契約締結後 60 日以内に政府の許認可等が取得できないときは、その間の事情の変更や当事者の当初の意図に反することもあるので、本契約が失効することを規定しています。

Article 3 Incorporation of RS

3.1 Organization and Registration
After the Effective Date of this Agreement, the parties hereto shall, promptly cause RS to be organized and registered as a company with liability limited by shares under the laws of Thailand.
All costs necessary therefor shall be borne by RS. The registered head office of RS shall be located at 567 Soi Tonson, Ploenchit Road, Bangkok, Thailand. The parties hereto shall fully cooperate each other with respect to the procedures of the organization and registration of RS.

3.2 Business Purposes of RS
The main business activities of RS shall be manufacture, sale, export and import of Products and all necessary business activities relating thereto. Provided, however, that any necessary items may be added to the business purposes of RS in the Articles of Incorporation after mutual discussions between the parties hereto. The Articles of Incorporation of RS shall be agreed upon separately between the parties hereto and shall become the integral part hereto.

3.3 Capital of RS
The authorized capital of RS shall be Baht ten million (10,000,000) represented by ten thousand (10,000) ordinary shares of the par value of Baht one thousand (1,000) each. At the time of incorporation of RS, five thousand (5,000) shares with an aggregate par value of Baht five million (5,000,000) shall be subscribed and paid by the parties hereto as initially issued capital.
The number of shares to be subscribed and the amount to be paid in cash on the above subscription by each of the parties hereto shall be as follows:
QRS: Baht two million four hundred fifty thousand (2,450,000) for two thousand four hundred fifty (2,450) shares (49%).
STU: Baht two million five hundred fifty thousand (2,550,000) for two thousand five hundred fifty (2,550) shares (51%).

第3条　RS の設立

3.1　設立と登記

　　本契約発効日後遅滞なく、本契約の両当事者は、タイ国の法令に基づき、有限責任の株式による RS を設立し、登記しなければならない。

　　上記の設立および登記に必要とする一切の費用は、RS の負担とする。RS が登記される本店住所は、タイ国バンコク市プロンチットロード、ソイトンソン 567 番地とする。両当事者は、RS の設立と登記の手続に関し、相互に全面的に協力するものとする。

3.2　RS の事業目的

　　RS の主要事業目的は、製品の製造、販売、輸出入および、かかる業務遂行上必要とする一切の業務とする。但し、RS の定款には、当事者相互の協議のうえ必要とする事項を事業目的として追加することができる。③RS の定款は、当事者間で別途合意され、本契約の本質的な一部を構成する。

3.3　④RS の資本

　　RS の授権資本は、1 株の額面金額 1000 バーツの普通株式 1 万株により表示された 1000 万バーツとする。RS の設立時には、合計 500 万バーツの額面を有する 5000 株が、本契約当事者により当初発行資本として引受けられ、払込まれるものとする。

　　本契約当事者により引受けられ現金で払込まれる株式数および金額は、次のとおりとする。

　　QRS：2450 株に対し 245 万バーツ（49%）

　　STU：2550 株に対し 255 万バーツ（51%）

Point

③定款（Articles of Incorporation）は、会社にとって最も重要な事項を取り決めたもので、合弁契約に別紙（Exhibit, Annex 等）により添付して合意しておく場合もあります。
④合弁会社として新会社を設立する場合に最も重要な内容のひとつに、各当事者の出資比率があります。国によっては、また業種によっては外国資本が過半数ないし一定比率を超えるような支配権を有することを認めない場合もあります。

3.4 Certificate of Shares

RS shall promptly issue and deliver to QRS and STU certificate of shares representing the number of its shares held by each shareholder.

3.5 Pre-emptive Right

The shareholders of RS shall have pre-emptive rights to subscribe for all shares to be newly issued by RS in proportion to their shareholdings in RS.

3.6 Restriction of Transfers, Etc.

Except in accordance with the provisions of the Articles of Incorporation or of this Agreement or as otherwise expressly in advance agreed in writing between the parties hereto, each of the parties hereto mutually covenants and agrees not to sell, assign nor transfer title or rights to, nor otherwise pledge, encumber any of the shares of RS held by them respectively in any way whatever nor grant any third party any right or interest therein nor to take any action leading to or likely to result in any of the foregoing.

3.4　株　券

RS は、各株主が保有する株式数を表章する株券を QRS、STU のそれぞれ
に対し速やかに発行し、交付するものとする。

3.5　新株引受権

RS の株主は、RS の新株式発行に際しては、その持株比率に応じて、全株
につき、新株引受権を有するものとする。

3.6　譲渡等の制限

定款、本契約または当事者間の文書による明確な事前の合意に基づく場合
を除き、各当事者は、自己の保有する RS のいかなる株式の権原もしくは
権利をも、これを売却、譲渡、移転し、質権、抵当権を設定し、または第
三者に対し権利、もしくは利益を付与し、または上記の結果を導くような
いかなる行為もしないことを相互に誓約し合意する。

3.7 First Refusal Right

If either of the parties hereto desires to sell whole or any part of the shares to any third party, it shall offer such shares in writing first to the other shareholder specifying the number, price and terms as those proposed and name and address of the proposed third party. If the shareholder to whom the offer is made fails to accept the proposal within thirty (30) days after receipt of the offer, such offeree shall be deemed to have waived all of its rights with respect to the sale of proposed shares to be transferred and the offering shareholder may sell the shares to the third party at a price no greater than the sales price specified in said notice and otherwise on terms not more favorable than those specified in said notice.

If the other shareholder to whom the selling offer is made desires to accept the offer contained in the notice from the offering shareholder, it shall send a written commitment to the offering shareholder specifying the portion of its shares within the period provided herein.

3.8 Tag-Along Right

The majority householder in RS may elect to give the other shareholder tag-along right by sending a notice to the other shareholder at least thirty (30) days prior to the proposed date of sale of its all shares to any third party specifying sales price and terms, and the name and address at the proposed purchaser.

The other shareholder to whom the notice is made may sell its own shares to the proposed purchaser at the same price and terms by exercising the tag-along right.

3.7　先買権
⑤

　当事者の一方が第三者に対してその所有する株式の全部または一部を売却することを希望する場合、その株主は最初に他方の株主に対して書面で売却数量、売却価格、売却条件、当該第三者の氏名および住所を明らかにして売却する旨の申入れをするものとする。申入れを受けた株主が通知を受領した後 30 日以内にこの申入れを受諾しなかったときは、申入れを受けた株主は、売却の対象となった株式に関する一切の権利を放棄したものとみなされ、申入れをした株主は、上記通知に明記した価格以下で、かつより優遇されない条件でその株式を第三者に対して売却することができる。

　株式売却の提案を受けた他方の株主が、株式売却を申し入れた株主からの通知により提案された申出を受諾することを希望するときは、株式売却を申し入れた株主に対し、上記の期間内に売却参加株式数を書面で明らかにして売却を申し出るものとする。

3.8　売却参加権
⑥

　RS の過半数の株式を有する株主は、その保有する全株式を第三者に売却するにあたり、他方の株主に売却予定日の少なくとも 30 日前までにその売却価格と条件ならびに予定買受人の氏名および住所を明らかにした通知を送付して売却に参加する権利を他方の株主に与えることを選択できる。

　この場合、通知を受けた他方の株主は、売却参加権を行使することによりその有する株式を同一の価格・条件をもって上記予定買受人に売却することができる。

Point

⑤当事者の一方がその所有株式を譲渡等処分することは、合弁会社の存続にも影響するため、第 3.6 条で制限を設けていますが、第三者に譲渡等処分する前に他方当事者に優先的に株式を買い受ける権利（先買権）を与えることを規定します。

⑥合弁会社の当事者たる過半数の株式を有する株主が、その所有株式を譲渡等処分することは合弁解消を招くことになるため、その機会に他の少数株主たる当事者にも同一条件で所有株式の売却に参加する権利（tag-along right）を与える規定です。少数株主を保護する制度で、co-sale right とも言われています。

3.9 Drag-Along Right [7]

The majority shareholder in RS may elect to exercise its drag-along right by sending a notice to the other shareholder at least thirty (30) days prior to the proposed date of sale of its all shares to any third party specifying sales price and terms, and the name and address of the proposed purchaser.

If the proposing shareholder consummates the sale referred to in said notice, the other shareholder shall be bound and obligated to sell its entire shares to the above proposed purchaser on the same terms and conditions.

If the proposing shareholder has not completed the sale of its all shares within ninety (90) days following the date of effectiveness of said notice, the other shareholder shall be released from its obligation under said notice and such notice shall be null and void.

Article 4　Financing [8]

4.1　Additional Funds

Should the parties hereto determine that additional funds are required for RS beyond the capital to be contributed by the parties hereto pursuant to preceding Article 3.3 hereof, such additional funds shall be supplied in a manner agreed upon between the parties hereto.

4.2　Guarantee to Lender

If any lender requires guarantees as a condition to make a loan to RS, the parties hereto undertake to provide the guarantee each in proportion to its shareholding ratio in RS.

3.9 　売却強制権

RS の過半数の株式を有する株主は、その保有する全株式を第三者に売却するために、売却予定日の少なくとも 30 日前までにその売却価格と条件ならびに予定買受人の氏名および住所を明らかにした通知を他方の株主に送付して、売却強制権を行使することを選択できる。

この場合、売却を申し出た株主が通知書に記載したとおりの株式売却を完了したときは、他方の株主は、同一の条件をもってその保有する全株式を上記予定買受人に売却しなければならないものとする。

売却を申し出た株主が上記通知発効後 90 日以内にその全株式の売却を完了しなかったときは、他方の株主は上記通知に基づき株式を売却する義務を免れるものとし、同通知は無効になるものとする。

第 4 条 　資金援助

4.1 追加資金

両当事者が RS のために、上記第 3.3 条による各当事者の払込金額を超えて追加の資金を必要とすると決定した場合には、かかる追加資金は、本契約の当事者間で合意された方法で提供されるものとする。

4.2 貸主に対する保証

貸主から RS に対する貸付の実行のための条件として保証を要求されたときは、両当事者が RS における株式比率の割合に応じて保証を提供するものとする。

Point

⑦上記 tag-along right は他方当事者たる株主に所有株式を売却する機会に参加させる権利であるのに対し、drag-along right は、過半数の株式を有する当事者が少数株主たる他方当事者にその所有株式を同一条件で強制的に売却させる義務を伴う強い内容で、合弁会社の支配権を取得しようとする第三者たる買受人を保護する権利であるため、その権利行使に制限を設けています。

⑧合弁会社設立後しばらくは、独自に資金を調達するのが困難であるため、合弁契約当事者が出資比率に応じて追加出資をしたり、金融機関に対し、人的保証（保証人）を提供したりすることが行われます。

Article 5 Conclusion of License Agreement

RS shall conclude with QRS the License Agreement for the manufacture and sale of Products forms and contents of which are based upon the License Agreement between QRS and STU dated December 16, 2022. QRS and RS shall take necessary actions to complete the procedures specified in Article 2.2 hereof.

Article 6 Management of RS

6.1 General Meeting of Shareholders of RS
RS shall give each shareholder of RS timely notice of the time, date and place of convocation of the general meetings of shareholders, in no event later than twenty (20) days prior to the date of convocation of such meetings, in each case. All such notices shall be accompanied by a complete agenda for the general meeting of shareholders, in each case which it is proposed be decided at such meetings. All notices and agenda of general meetings of shareholders in the case of QRS shall be accompanied by the accurate and complete English or Japanese language translations thereof.

第 5 条　ライセンス契約の締結

RS は QRS との間で、製品の製造・販売のために、QRS と STU の間で 2022 年 12 月 16 日付で締結されたライセンス契約の形式と内容に基づくライセンス契約を新たに締結するものとする。RS と QRS とは、本契約第 2.2 条に規定する手続を完了するのに必要な行為を行うものとする。

第 6 条　RS の運営

6.1　RS の株主総会

　　RS は各株主に対し、株主総会開催の日時、場所に関する通知を適時に行うものとし、いかなる場合でも、各開催時、かかる開催日の遅くとも 20 日前までに行うものとする。すべての通知には、株主総会で決議すべきことが提案されるすべての議案が付されるものとする。QRS に対しては通知および株主総会に提案される決議事項について、正しい完全な英訳文または和訳文が各総会ごとに添付されるものとする。

6.2 Resolutions of the General Meeting of Shareholders

Except as otherwise required by ⑨ mandatory provisions of laws or provided for in the Articles of Incorporation of RS, a quorum for a general meeting of shareholders of RS shall require the presence, in person or by proxy, of shareholders of RS holding two-thirds (2/3) or more of the total issued and outstanding shares of RS entitled to vote. Resolutions of an ordinary general meeting of shareholders of RS shall be adopted by the affirmative vote of two-thirds (2/3) or more of shares represented in person or by proxy at a meeting at which a quorum is present.

Further, any decision at an extraordinary general meeting of shareholders shall be made by the affirmative vote of three-fourths (3/4) or more of the total shareholders of RS where the shareholders holding three-fourths (3/4) or more of the total issued and outstanding shares of RS being present.

The following items shall be approved at a general meeting of shareholders:

1. Changes of the Articles of Incorporation.
2. Transfer of all or an important part of its owned business or other company's business.
3. Granting of subscription rights to new shares of stock of the company to any person not a shareholder of the company.
4. Transfer of any share of the company and merger with other company than QRS, STU or subsidiary or affiliated company, acquisition or incorporation of any partnership or joint venture involving RS.
5. Increasing or diminution of the capital stock.
6. Dissolution of the company.
7. Issue of any security, bond, stock option, warrant or instrument of indebtedness exchangeable for shares of RS.
8. Any items required by the laws of Thailand shall be added to the items listed above.

6.2　株主総会の決議

　　強行法規またはRSの定款に別段の定めのある場合を除き、RSの株主総
会の定足数として、RSの発行する有効議決権株式総数の3分の2、または
それ以上の持株を有するRS株主またはその代理人の出席を要するものと
し、RSの定時株主総会の決議は、定足数を満たした会議での出席株主また
は、その代理人の議決権株式の3分の2以上の賛成をもって行うものとす
る。

また、臨時株主総会の決議は、RSの発行する株式総数の4分の3以上の持
株を有する株主が出席し、RS全株主の4分の3以上の賛成決議でこれを行
うものとする。

次の各号の事項については、株主総会の同意を得なければならない。

1.　定款の変更
2.　自社の事業または他社の事業の全部または重要な一部の譲渡
3.　株主以外の者に対する新株の発行についての株式引受権の許諾
4.　株式の譲渡およびQRS、STUもしくはその子会社、関連会社以外
　　の会社との合併、買収またはRSを参加者とするパートナーシップ
　　もしくは合弁会社の設立
5.　資本の増減
6.　解散
7.　証券、社債、ストックオプション、ワラント、RSの株式に転換で
　　きる債務証書の発行
8.　前各号に加えてタイ国法令により要請される事項

Point

⑨合弁会社の株主総会の権限は、定款ばかりでなく、その設立準拠法（ここではタイ国法）
の強行法規によっても制限または制約されることがあります。

6.3 The Board of Directors of RS

Except as otherwise required by mandatory provisions of law or provided for in the Articles of Incorporation of RS, responsibility for the management, direction and control of RS shall be vested in the board of directors of RS. The number of directors of RS shall be five (5).

6.4 Election of Directors

The directors of RS shall be elected at the general meetings of shareholders. Three (3) of the directors shall be nominated by STU and the other two (2) of the directors shall be nominated by QRS. Each of the parties to this Agreement hereby agrees to vote its shares of RS at its general meeting of shareholders so as to elect the directors nominated by the other party hereto.

In case of death, resignation or removal of a director prior to the end of his/her term, each of the parties hereto agrees to vote its shares of RS so as to appoint as his/her replacement a director nominated by the party hereto who has nominated the concerned director whose death, resignation or removal was the cause of such vacancy.

QRS and STU hereby agree that if QRS or STU, as the case may be, requests that any of their respective nominee(s) be removed from directorship of RS, such nominee(s) should be so removed immediately.

6.3　RS の取締役会

強行法規または RS の定款に別段の定めのある場合を除き、RS の経営上の責任、経営方針決定および統制の権限は、RS の取締役会にあるものとする。RS の取締役は 5 名とする。

6.4　取締役の選任⑩

RS の取締役は、株主総会で選任される。RS の取締役のうち 3 名は STU により指名された者とし、他の 2 名は QRS により指名された者とする。本契約に基づき、各当事者は、他の当事者によって指名された者が、取締役に選任されるよう、RS の株主総会において、株式議決権を行使することに合意する。

取締役が、任期満了より前に死亡し、辞任し、または解任されたときは、各当事者は、その死亡、辞任または解任が欠員の原因となった取締役を指名した側の当事者により指名される者を当該取締役の後任者として選任するよう、その持株の議決権を行使することに合意する。

QRS および STU は、QRS または STU がその指名された者を RS の取締役から解任することを求めた場合、その被指名者は直ちに解任されることについて同意する。

Point

⑩合弁会社における各当事者の出資比率に応じて取締役の員数の決定および代表権を有する者の選任がなされるのが一般的です。株主総会において決議すべき事項および決議要件を決めるのと同様に、取締役会において付議されるべき事項およびその決議要件を決めるのも重要となります。

6.5 Convocation of Meetings of Board of Directors
Each of the directors of RS shall be given timely written notice of the time, date and place of meetings of the board of directors of RS, in no event later than fifteen (15) days prior to the date of convocation of such meetings.

Notices of meetings of the board of directors given to directors who do not reside in Thailand shall be sent by, facsimile with its confirmation by airmail or registered airmail so as to arrive to the designated address in time as above-mentioned. All notices of meetings of the board of directors of RS shall be accompanied by a complete agenda for the meeting, in each case, as well as the texts of all resolutions which it is proposed be adopted at such meetings, in each case.

All notices and agenda of meetings of the board of directors of RS as well as the texts of proposed resolutions shall, in the case of directors nominated by QRS, be accompanied by accurate and complete English or Japanese language translations thereof.

6.6 Resolutions of the Board of Directors
1) Except as otherwise required by mandatory provisions of laws or provided for in the Articles of Incorporation of RS, a quorum for the board of directors shall require the presence of four (4) and any resolutions of the board of directors shall be adopted only by the affirmative vote of four (4) or more of the directors.
2) Without limiting the foregoing provision, the resolutions of such matters provided below shall be decided by an affirmative vote of all directors.

1. Election of President and managing director.
2. Any decision involving the budgeting and financial planning of the company.
3. Any borrowing, loaning or guaranteeing which exceeds the previously determined credit lines.
4. Settlement and abolition of the regulations, if any, of the board of directors.

6.5　取締役会の招集

RS の各取締役は、いかなる場合にも取締役会の開催日より遅くとも 15 日前までに会議の日時および場所についての書面による通知を適時受けるものとする。

タイ国に居住しない取締役に対する RS の取締役会開催の通知は、ファクシミリおよびこれを確認する航空郵便もしくは書留航空郵便により、上記の期日以前に指定の宛先に到着するように発送されるものとする。RS の取締役会開催のすべての通知には、いずれの場合にも会議における全議案および会議に提案されるすべての決議事項が添付されるものとする。

RS の取締役会におけるすべての通知および議案ならびに会議に提案される決議事項には、QRS が指名した取締役の場合、正しい完全な英訳または和訳文が添付されるものとする。

6.6　取締役会の決議

1) 強行法規または RS の定款に別段の定めのある場合を除き、取締役の定足数は 4 名を要するものとし、取締役会の決議は 4 名以上の取締役の賛成によってのみ成立する。

2) 前項の規定を制限することなく、次の各号の事項の決議については、取締役全員の同意をもってこれを行う。

1.　社長および常務取締役の選任

2.　事業予算および資金計画の決定

3.　予め定めた限度額を超える借入、貸付および債務保証

4.　取締役会規則の制定および改廃

5. Drafts of balance sheets, business report, profit and loss statement, reserves, dividends to be submitted to the general meeting of shareholders of RS.

6. Issuance or transfer of shares.

6.7 President and Officers

The President of RS shall be elected out of the directors nominated by STU.

Two (2) vice presidents of RS shall be elected out of the directors nominated by QRS.

The parties hereto shall cause the directors of RS respectively nominated by them to cast their votes so as to appoint the above individuals.

Further, in case of death, resignation or removal of an officer prior to the end of his/her term, the parties hereto agree to cause the directors respectively nominated by them to cast their votes so as to appoint a replacement who is a nominee of the party who qualified hereunder.

6.8 Statutory Auditor

RS shall have two (2) statutory auditors, whose one of each be nominated by each party. Each party agrees to use its voting right at the general meeting of shareholders to elect the statutory auditor as nominated by each party. In case of death, resignation or removal of a statutory auditor prior to the end of his/her term, the above shall be applied to appoint a replacement.

Such statutory auditors shall be entitled to and obligated to examine and audit financial documents and books of account and other pertinent documents and records of RS and to notify the board of directors and the general meeting of shareholders of the result of such examination.

5.　株主総会に提出する貸借対照表、営業報告書、損益計算書、準備
金および利益配当に関する議案

6.　株式の発行および譲渡

6.7　社長および役員

社長は、STU の指名した取締役の中から選任される。

副社長は、QRS の指名した取締役の中から2名選任される。

本契約の各当事者は、上記の資格を有する者の選任につき、それぞれの指
名により選任された取締役をして、その選任を行わしめる。

また、役員が、その任期満了前に死亡し、辞任し、または解任されたときは、
本契約の両当事者は、それぞれの指名により選任された取締役をして、こ
れに代わる資格のある役員の後任者を選出させることに合意する。

6.8　監査役

RS には、各当事者がそれぞれ1名を指名し、監査役2名を置くものとする。

各当事者は、かかる指名者を監査役に選任するように、それぞれの議決権
を株主総会で行使することに合意する。監査役が任期満了前に死亡し、辞
任し、または解任されたときは、その後任者にも上記が適用される。

監査役は RS の会計書類および会計帳簿ならびにその他の関連文書および
記録を調査し、監査する権利および義務を有し、その結果を取締役会およ
び株主総会に報告するものとする。

6.9 Accounting Period

The accounting period of RS shall commence annually on January 1 and end on December 31 of the same year, provided, however, that the first accounting period of RS shall commence as of the date of incorporation of RS pursuant to Article 3.1 hereof and end on December 31 of the same year.

6.10 Books of Account

RS shall keep true and accurate books of account and records in accordance with sound accounting practices employing standards, procedures and form in conformity with mandatory requirements of the laws of Thailand and generally accepted international accounting practices.

Each party hereto shall have the right to inspect at its own expense, either by itself or through its duly authorized agent or representative, books of account and records of RS at any reasonable time during business hours of RS.

6.11 Audit

The books of account and records of RS shall be audited, at the expense of RS, by an internationally recognized independent certified public accountant(s) mutually acceptable to the parties hereto.

6.12 Dividend Policy

The parties hereto agree that RS shall have a dividend policy that will contribute to strengthen and expand RS, by permitting earnings to be retained to provide working and capital funds of RS.

The parties hereto further agree that RS shall be managed in so far as is feasible with a view to attaining a level of earnings which may support an annual dividend payout of at least ten percent (10 %) on par value within three (3) years after its incorporation.

6.9　会計年度

RS の会計年度は、毎年 1 月 1 日に始まり、同年の 12 月 31 日に終了するものとする。但し、RS の会計初年度は、本契約第 3.1 条に基づく RS の設立日に始まり、同年 12 月 31 日に終了する。

6.10　会計帳簿

RS は、タイ国の強行法規および一般的に公正妥当と認められた国際的な会計慣行と合致する基準、手続、および形式を用いた健全な会計慣行に基づいて、真実にして正確な会計帳簿および記録を維持しなければならない。各当事者は RS の営業時間中の合理的な時間内に自らまたは正当に授権された代理人または代表者により、RS の会計帳簿および記録を自らの費用で閲覧する権利を有する。

6.11　監　査

RS の会計帳簿および記録は、RS の費用負担で、当事者相互により承認された国際的に認められた独立の公認会計士により監査を受けるものとする。

6.12　配当政策
　　⑪

本契約の両当事者は、RS が、その運転資金および資本支出を賄うために、利益を留保することを認め、その強化・発展に寄与する配当政策をもつことに同意する。

さらに本契約の両当事者は、RS がその設立後 3 年以内に、株式額面額に対し少なくとも 10% の年間配当金の支払いをなしうるだけの利益水準に可能な限り到達しうるように運営されるべきであることに合意する。

Point

⑪合弁契約の当事者は、会社に投下した資本を配当として回収するほかはありません。しかし会社はその健全な存続が要求されるため、適正な内部留保をするためにしばらくは配当を留保することも必要となります。ここでは 3 年以内には 10% の配当を可能とするような運営を期して配当政策を決めています。

文例
15
合弁契約書

Article 7 Deadlock

If any general meeting of shareholders of RS may not resolve any of the matters provided in Article 6.2 hereof or the board of directors of RS may not resolve any of the matters provided in Article 6.6, Section 2) within twenty (20) days of the presentation of such matters, either of the parties hereto may give to the other party a notice of sale of its shares which shall specify the price to offer all of its shares to the other party. If such notice is given, then within ten (10) days after receipt of such notice, both parties hereto shall give to the other party a notice respectively that specifies asking price at which such party wishes to sell its shares in RS. The party who submits the higher price shall either purchase shares owned by the other party or sell its own shares to the other party at the price offered by the other party.

Article 8 Non-Competition

Either of the parties hereto shall not manufacture, have manufactured or sell, have sold, within Thailand directly or indirectly, any types of products which are similar to or competitive with the type of Products which are to be manufactured and sold by RS.

Article 9 Expenses

All expenses paid by QRS or STU respectively on behalf of RS with approval of the other party to this Agreement shall be reimbursed by RS at the time of its incorporation subject to a resolution of the meeting of the board of directors of RS.

第7条　㉑デッドロック

RSの株主総会が第6.2条に記載された事項のいずれかについて、もしくは取締役会が第6.6条2）に記載された事項のいずれかについて、それが提案された後20日以内に決定できない場合は、いずれの当事者も相手方に対し自己の所有する株式を相手方に売却する場合の価額を明示して売却することを通知することができる。かかる通知がなされた場合は両当事者はそれぞれ相手方に対して通知受領後10日以内にRSの株式の売却希望価額を記載した通知を出すものとする。より高い金額を提示した株主は相手方が所有する株式を買い取るか、あるいは相手方の申出売却価額で自ら所有する株式を売却するものとする。

第8条　㉒競業禁止

各当事者は、直接間接のいかんを問わず、RSにより製造・販売される製品の種類と同一または類似の製品、その他競合する製品をタイ国内において製造し、製造させまたは販売し、販売させないものとする。

第9条　費　用

QRSまたはSTUが本契約の他の当事者の承認を得てRSのために負担したすべての費用は、RSの取締役会の承認決議を条件としてRS設立時においてRSによって償還されるものとする。

Point

㉑株主総会や取締役会の決議案件が紛糾し、結論が出ないようなデッドロック（deadlock）の場合に、ここでは会社における相手の持分を買い取るか、自己の持分を売り渡すかを申し出る方法をとっていますが、申出価額をいくらとするかの判断が難しいところです。公認会計士に査定させた価額を参考にするのもひとつの方法ですが、デッドロックの解消は会社の存続にもかかわる問題であり、合弁契約の処理も含め、慎重に対処する必要があります。

㉒合弁会社設立の目的がこれまでライセンス契約に基づきタイ国でライセンス製造してきた事業をより発展、拡大させることにある以上、合弁契約の当事者として競業取引を禁止しておくことが必要となります。

Article 10 Confidentiality

Either of the parties hereto shall keep strictly secret and confidential and not to disclose to any third party, all information made available under this Agreement and acquired from either of the parties hereto or from RS. Provided, however, such obligations shall not apply to any information which is or becomes published or otherwise generally available to the public, or which is in the possession of the party to which such information is furnished at the time of disclosure.

Article 11 Term and Termination

11.1　Term ⑭

This Agreement shall become effective as of the Effective Date, and shall continue in force and effect for an indefinite term thereafter until RS shall be dissolved or otherwise cease to exist as an independent legal entity.

11.2 Termination

(1) In the event of any default or breach of any provisions hereof by either of the parties hereto and if the other party gives notice in writing of such default or breach, then if such default or breach is not cured within thirty (30) days after such notice, the non-defaulting party giving such notice shall have the right to terminate this Agreement at any time thereafter by giving written notice of termination.

(2) In the event either of the parties hereto becomes insolvent, bankrupted, dissolved, liquidated or should any other condition to interfere with its performance of this Agreement such as cancellation of permits or approvals by government order occur, the other party may terminate this Agreement. Such termination shall not affect any rights and obligations of the parties hereto accrued at the time of such termination.

第10条　秘密保持

各当事者は、本契約に基づき知り得た、また本契約により他の当事者から、または RS から取得したすべての情報を厳重に秘密として保持し、第三者に開示しないものとする。但し、かかる義務は、情報が公表され、またはその他の方法で公知となった場合には適用されず、また開示の時にその受領者がその情報を既に所有していたときには適用されない。

第11条　期間および解除

11.1　期　間⑭

本契約は、発効日よりその効力を生じ、それ以後は、RS が解散またはその他の事由により独立の法的組織として存続しなくなるときまで、期限の定めなく存続するものとする。

11.2　解　除

(1) 本契約のいずれか一方の当事者が、本契約の条項のいずれかを不履行またはそれに違反し、かかる不履行または違反を他方の当事者が書面で通知し、その不履行または違反が通知後30日以内に是正されない場合は、かかる通知を発信した当事者は、その後いつでも解除する旨を書面により通知して、本契約を解除する権利を有するものとする。

(2) 本契約の当事者の一方について支払能力の喪失、破産、解散、清算または本契約の履行を妨げる政府の命令による許認可の取消し等その他の事由が発生した場合は、他方の当事者は本契約を解除することができる。かかる解除は、解除時に生じていたいかなる当事者の権利義務にも影響を及ぼさないものとする。

Point

⑭一般の契約と異なり、合弁契約の目的が永続的あるいは長期間にわたり存続することを前提とする合弁会社の設立にある以上、特に期間が設けられないのが特徴です。

11.3 Effect of Termination

Upon termination of this Agreement, RS shall be dissolved and its net assets shall be liquidated, divided and distributed among its shareholders in proportion to their shareholding ratios as reasonably soon as possible.

Provided, however, that the non-defaulting party shall have the option, in place of termination of this Agreement, to request the other party to assign its whole shares of RS to such non-defaulting party, or any third party nominated by it subject to the approval by the Government of Thailand. The price of the shares shall be calculated based upon the book value of the assets of RS at the time of such request.

In the event that any of non-defaulting party elects the dissolution and liquidation of RS, the parties hereto shall exercise their voting rights in a general meeting of shareholders so as to enable RS to dissolve and liquidate.

Article 12 Miscellaneous

12.1 Governing Law

This Agreement shall be governed by and interpreted in accordance with the laws of Thailand and of Japan. In case of conflict, it shall be interpreted in accordance with international law or commercial customs and usages.

12.2 Applicable Language

This Agreement is made in the English language only, which language shall be governing in all respects. No translation, if any, of this Agreement into any other language such as Thai or Japanese shall be of any force or effect in the interpretation of this Agreement or in a determination of the intent of either of the parties hereto.

11.3　解除の効果

本契約が解除されたときは、RS は解散し、その純資産を清算し、その株主に対して持株比率に応じて、合理的に速やかに分配するものとする。

但し、契約に違反していない当事者は、本契約の解除に代えて他方の当事者に対し、その保有する RS 株式の全部をタイ国政府の承認を条件として自己またはその指名する第三者に対し譲渡することを請求する選択権を有する。この場合の譲渡価格は、請求時における RS の資産の帳簿価格に基づいて算定されるものとする。

契約に違反していない当事者が、RS の解散および清算を選択したときは、本契約の当事者は、RS が解散し、清算することができるようにするために株主総会において議決権を行使するものとする。

第 12 条　一般条項

12.1　準拠法

本契約は、タイ国および日本国の法律に準拠し、解釈されるものとする。抵触の場合には、国際法または、商慣習に従うものとする。

12.2　使用言語

本契約は、英語で作成され、英語があらゆる点で支配する。本契約のタイ語や日本語など他の言語への翻訳がある場合でも、それらは本契約の解釈または本契約各当事者の意図の解釈にとって、いかなる効力も効果も有しないものとする。

Point

⑮合弁契約を解除する場合、設立された会社の解散（dissolution）や清算（liquidation）に関する手続を定め、合弁会社をどのように整理するかを決める必要があります。
定款に解散に関する規定があるのでこれに従うとして、契約に違反していない当事者は、相手方に対しその保有する株式全部を自分に、もしくは指定する第三者に譲渡するよう請求する方法も規定しています。

12.3 Amendment and Change

No amendment or change of the provisions hereof shall be effective or binding on the parties hereto unless prepared in writing and executed by the respective duly authorized representatives of each of the parties hereto.

12.4 Waiver

A waiver by any party hereto of any particular provision hereof or any obligations of the other party shall not be deemed to constitute a waiver in the future of the same of any other provisions hereof.

12.5 Assignment

Neither this Agreement nor any right and obligation hereunder shall be assignable or transferable by either of the parties hereto to any third party without the prior written consent of the other party hereto.

12.6 Force Majeure

Neither party shall be held liable for delay or failure to perform any of its obligations under this Agreement when such delay or failure are due to acts of God, riot, fires, strikes, legal restrictions, governmental actions, or any other casualty or cause beyond the control of the parties hereto.

Any party whose obligations have been suspended by any cause provided herein shall resume the performance of such obligations as soon as reasonably possible after the removal of such cause, provided, in the event that such cause continues more than three (3) months, either party may terminate this Agreement on ten (10) days notice in writing.

12.7 Notice

All notices required to be given hereunder shall be in writing and shall be valid if dispatched by facsimile transmission with its confirmation copy sent on the same day by airmail or registered airmail, postage prepaid, addressed to the places first above written. Either party may, from time to time, change its address by a notice given to the other party in the manner set forth above.

12.3　修正および変更

本契約の条項についての修正、または変更は、書面で作成され、かつ各当事者のそれぞれの正当に授権された代表者によって、署名されなければ有効とならず、当事者を拘束することもない。

12.4　放　棄

当事者の一方が、本契約の特定の条項もしくは他方当事者による本契約の義務を放棄しても、将来において本契約に基づくその他の条項もしくは義務を放棄したものとはみなされない。

12.5　譲　渡

本契約もしくはこれに基づく権利義務は他の当事者の書面による事前の同意のある場合を除き、いかなる第三者に対しても譲渡し、もしくは承継されないものとする。

12.6　不可抗力

いずれの当事者も、本契約に基づく義務の遂行につき遅延または不履行があっても、これが天災、暴動、火災、ストライキ、法的制限、政府の行為、もしくは当事者の支配を超えた原因に起因する場合には責任を負わないものとする。

上記の事由により義務の履行が中断された当事者は、この事由が解消した後可能な限り速やかにその義務の履行を再開するものとするが、かかる事由が3カ月を超えて継続したときは、いずれの当事者も10日前の書面による通知により本契約を解除することができる。

12.7　通　知

本契約上必要とされるすべての通知は書面でなされるものとし、ファクシミリおよび同日付で確認のために郵送される航空便もしくは、料金前払の書留航空郵便をもってそれぞれ頭書の宛先へ送付されることにより有効となるものとする。各当事者は、上記と同様の方法で他方当事者に通知することにより上記の通知宛先を随時変更することができる。

Article 13 Arbitration

All disputes, controversies or differences which may arise between the parties hereto, out of or in relation to or in connection with this Agreement, or for the breach thereof shall be settled through bona fide negotiations between the parties hereto. Should such negotiations fail to come to an agreement for settlement within two (2) months after the commencement thereof, either of the parties may require the final settlement under the Rules of Conciliation and Arbitration of the International Chamber of Commerce by one or more arbitrators appointed in accordance with the Rules. The award to be rendered shall be final and binding upon both parties hereto. The place of such arbitration shall be the city where the respondent having its head office.

IN WITNESS WHEREOF, each of the parties hereto has caused this Agreement to be executed by their duly authorized representatives in English and in duplicate on the day and year first above written.

"QRS" QRS Co., Ltd.

_____

By: Kyutaro Rikimoto
President

"STU" STU, Inc.

_____

By: Samuel Tyson
President

第13条　仲　裁

本契約に起因または関連して、または、本契約の違反のために両当事者間に生じるすべての紛争、論争もしくは相違は、本契約当事者間の誠意をもった交渉により解決されるべきものとする。もしこの交渉開始後2カ月以内に和解による合意に至らなかったときは、いずれの当事者も国際商業会議所の調停および仲裁規則に基づき選任された1名またはそれ以上の数の仲裁人による仲裁によって最終的にその解決を求めることができる。仲裁決定は、最終的なもので両当事者を拘束する。仲裁地は被申立人の本店住所地の都市とする。

上記の証として、各当事者は、正当な権限を有する代表者をして、頭書の年月日に、英文による本契約書2通に署名した。

　　　　　　　　　　　「QRS」　　　キューアールエス株式会社

　　　　　　　　　　　　　　　　　（署名）＿＿＿＿＿＿＿＿＿＿＿
　　　　　　　　　　　　　　　　　力本究太郎
　　　　　　　　　　　　　　　　　社長

　　　　　　　　　　　「STU」　　　STU インコーポレーテッド

　　　　　　　　　　　　　　　　　（署名）＿＿＿＿＿＿＿＿＿＿＿
　　　　　　　　　　　　　　　　　サミュエル タイソン
　　　　　　　　　　　　　　　　　社長

英文索引

和文索引

参考文献

『英文契約書の知識と実務』
　　日野修男他 著／日本実業出版社
『ロースクール実務家教授による英文国際取引契約書の書き方』
　　浜辺陽一郎 著／ILS 出版
『英文契約書の作成実務とモデル契約書』
　　吉川達夫・飯田浩司 編著／中央経済社
『はじめての英文契約書起案・作成完全マニュアル』
　　長谷川俊明 著／日本法令

山田 勝重（やまだ かつしげ）

1949年生まれ。1973年明治大学法学部法律学科卒業。1975年司法試験合格。最高裁判所司法研修所30期生。1981年、ニューヨークのミラーモンゴメリー蘇木法律事務所での研修後、山田法律特許事務所で所長を務め現在に至る。上場企業の監査役、監査等委員取締役を現任、東京農工大学客員教授、お茶の水女子大学監事、明治大学法科大学院特任教授などを経て渉外法律実務の分野等で幅広く活躍している。

著書に、『ビジネス法律用語の基礎知識』（共著、自由国民社）、『国際訴訟のQ&A』（共著、商事法務研究会）などがある。

さいしんぶんれい
最新文例ですぐわかる

かいていばん　　　　　　　えいぶんけいやくしょ
改訂版　　はじめての英文契約書

2020年 2 月29日　初版発行
2022年 4 月30日　再版発行

やまだ　かつしげ
著者／山田 勝重

発行者／青柳 昌行

発行／株式会社KADOKAWA
〒102-8177　東京都千代田区富士見2-13-3
電話 0570-002-301(ナビダイヤル)

印刷所／株式会社加藤文明社印刷所

●お問い合わせ
https://www.kadokawa.co.jp/ (「お問い合わせ」へお進みください)
※内容によっては、お答えできない場合があります。
※サポートは日本国内のみとさせていただきます。
※Japanese text only

定価はカバーに表示してあります。